発達障がいの幼児へのかかわり

概要・取り組み・77のQ&A

橋場　隆

小学館

Cover Design by
LITTLE ELEPHANT

はじめに

最近ますます発達障がい＊に対する社会的関心が高まっています。子どものみならず大人が抱える問題としても取り上げられています。「大人の発達障害」といった類いのテーマを掲げた出版物や研修会、講演会などが耳目に触れるようにもなってきています。

そのような昨今、発達障がいを抱える子どもの発生率が、この20～30年の間に20倍近く上昇しているという話も聞こえてきました。不思議に抵抗なくうなずけるのは筆者だけではないと思います。とくにＡＳＤ（自閉症スペクトラム障がい）やＡＤＨＤ（注意欠如〈欠陥〉・多動性障がい）の現状を眺めたとき、他の報告に頼らずとも子どもにかかわっている方々なら、おそらく誰しも持っている実感ではないかと思います。

保育や教育においては、例えば、「○○支援」や「○○援助」といった表現を伴う形でさまざまに実施されている報告があり、同時に、付随する数多くの知見や研究発表も日々塗り替わるように情報網を飛び交っています。インターネットなどの方法を使えば、それほど難なくそれらの情報を部分的に得ることもできるようになっています。

しかし今、その潮流に矛盾するように、その「目指すべき方向性」がとらえにくくなっているように思えてならないのです。一歩前に進めないような状態になっているのではないだろうか、そんな危機感を持っています。実際、どちらの現場に出向いていっても相変わらず悩みの尽きない状況が続いているのですから。

理由としては、発達的な課題や障がいを抱える子どもたちが、ますます目立ってきている印象を無視できないこと、保育や教育の現場で対応する職員の数が増えていかないこと、特別なニーズに応じた保育や教育を遂行していくために必要な知識や指導スキルが追いついていかないこと、子どもたちを指導する機能的な物理的空間が足りないことなどが挙げられると思います。

まさに制度や行政的予算、あるいはシステム上の問題は山積しており、ハードからソフトまで喫緊の課題は際限がないと言っても過言ではありません。

あらためて振り返れば、ある程度説明可能な従来型の養育状況に端を発する発達問題という概念枠ではどうにも収まりきらない、それらとは異なる「子どもの発達問題」が驚くほど増えていると言わざるを得ない現場の実情があります。

筆者自身がかかわっている大学の教育相談室、乳幼児期の発達相談、障がい児療育施設の現場、保育園や幼稚園あるいは小・中学校を対象とした相談業務（コンサルテーション）などの最近の20年を振り返ってみても、例えば、従来の子育て問題とか個別的な情緒問題というより、明らかに「障がい範囲想定内の気になる子どもの問題」へと彩りを変えてきている印象を持っています。

障がいを抱える子どもの育ちを支えていくべき具体策はどこにあるのでしょうか。

本当に必要な研究と実践は、私たちの手の届くところにあるのでしょうか。

周知のとおり、「障がい」を語ろうとするとき、決して発達障がいだけを意味しているわけではありません。さまざまな原因で困難な状況を余儀なくされている人たちは、性別、年齢を問わず増えており、広範囲に及んでいます。

そういう意味では、私たちが取り上げなければならない課題は、眼前に幾つも並んでいますが、本書においてはひとまず、「発達障がい」に視点を当てながら、「育ちを願う〝かかわり〟と〝取り組み〟のみちすじ」として、幼児期の子どもの状態に沿った子育て問題や保育・教育の実際の話を核に据えて、まずは「発達障がいとは」からスタートしてみようと思います。

＊従来、「障害」という表記が多用されていますが、本書においては、主に「障がい」を用います。ただし引用や図式内においては、「障害」「障碍」も併用しています。

本書の目指すところは、幼児期から始まって学童期に至るまでの支援のあり方を振り返り、検討しながら、私たちが求める現場に合わせた実際的な支援の引き出しとして、保護者ならびに支援者（保育、教育あるいは生活指導を含めて、子どもと向き合う職業）の方々に少しでも役立つ簡易な手引きのようなものになれば、と願っています。

本書は、Ⅰ～Ⅶの７つの章から成っています。第Ⅰ章から最終Ⅶ章までの道のりからは、その先へと続く映像があることを否応なく示唆されます。さらに追い求める所存です。

２０１４年　２月　　橋場　隆

発達障がいの幼児へのかかわり

概要・取り組み・77のQ&A

目次

第Ⅳ章　家庭での取り組み　87

第Ⅴ章　保育現場での取り組み　103

■装丁／リトル・エレファント ■DTP／ラムデザイン
■校正／松井正宏 ■イラスト／斉木のりこ ■編集／箕形洋子・宮川 勉

発達障がいの幼児へのかかわり

概要・取り組み・77のQ＆A

第Ⅰ章

支援を必要とする子どもたち

■保育・教育現場からの尽きない相談

現在、保育園や幼稚園、あるいは小・中学校の生活空間において、子どもとの向き合い方がとても難しくなっています。保護者とともに、子どもの成長を願う大人からの実感として、その方法と答えを模索する日々が続いています。

発達的な課題を抱える子どもたちは、ともすると偏見や思い込みの根強い世の中の空気にさらされながらも、さまざまなサインを発しながら定型発達＊の子どもたちとともにそれぞれの人生をスタートさせているのです。

発達とは何なのか。言うまでもなく、子どもにかかわる私たちに求められていることは、形だけの理想論や難解な言い回しではなく、今まさに必要な統合保育・教育における一人ひとりの子どもたちの将来を見据えた実質的な発達支援の方法や方向性が問われているという、事実への具体的対策なのです。

保育・教育現場からの相談や報告が、私のもとに絶えることなく入ってきます。

Eちゃん（女児）２歳３か月

他児が座っている場面でフラフラ立ち上がってしまう。他の子もつられてフラフラする。絵本の読み聞かせでは遊び出してしまう。やめさせると怒って泣く。戸外では本人のペースで担任と二人で歩く。みなと一緒には歩けない。名前を呼べば、時々手を挙げるが、他のことは言っても理解できない。お友達は好きだが、思いどおりにならないと叩いたり、おもちゃを奪ったりする。何でも口の中に入れてしまう。言葉は出ていない。

Mちゃん（男児）３歳５か月

気に入ったことをいつまでもやりたがる（鍵の開閉、ひも通し、パズルなど）。それを止めるとパニック状態になり、なかなか気持ちを切り替えられない。きっかけはあるが、興奮し始めると、そのきっかけが解決しても泣きが収まらず、酔いしれている印象がある。こだわりが強く自分が気に入らないとやり直しをする。どこまで受け入れていけばよいのか。母は気がすむまでやらせている。

Yちゃん（女児）５歳10か月

行事や集会で前に出たがり、他児がステージや舞台に上がっているのを見ると、クラスや順番に関係なく上がってしまう。自分勝手に動き回り、言い聞かせても降りようとしない。「今は違うよ」と言っても、手を振り払ってでも上がりたがり、それを制止しようとすると泣き叫んで床上を転げ回る。泣き続ける。

Kさん（女児）８歳

自分の好きなことは積極的に話す。でも友達がいない。いつも一人で過ごしていることが多い。学級でも意見は言うが話題から外れたチグハグなことを言う。他児の賛同はない。少しでも意見されたり、否定されたりすると、周囲が自分を嫌っている、笑っていると勘違いして、当たり散らしてトラブルになる。

などなど相談事例を並べていけば延々と続きます。

これは、現在の保育・教育現場で見られる一部の子どもの実際です。

関与していない人からすれば、おそらくすんなりとは理解できないことであり、自分に直接関係がなければ「対岸の火事」というところであるかもしれません。
しかし、保護者や担任（担当者）が、子育て上、保育・教育上の「悩み」と「苦悩」を日々余儀なくされていることも大人側の事実なのです。

＊本書においては、本文中では、従来使われている「健常」ではなく、「定型発達」の語を用います。

■気になる子どもたち

一般的に、人が語り合う従来の人間関係や社会常識的な、いわゆる日常的な状況とは「やや異なる」「理解されにくい」と思われるような光景が、実は子どもの世界に日々起きています。

幼児期から学童期、そして青年期以降にも見られる、決してまれとは言いきれない現実であり、関係者は困っていながらも、保育園、幼稚園、小学校、学童保育など子どもの集団現場では、少なからず目の当たりにする「悩める風景」になってきています。

冷静に考えてみれば、このようなことは昔からあったはずですが、関係する少数の人しか知り得なかったのでしょうか？

それでも、子どもの発達という分野において、それらの事実が時間をかけながら部分的に共有されてきているのは、情報化社会の進展に相まって、おそらく世界的に報告、活動、交流がなされてきた結果ではないかと推測します。

■発達障がいとの出合い

発達障がいを抱える多くの子どもたちに共通して言えることは、外見からだけではその障がいの所在がわかりにくいことです。

現在でも、例えば「言語の遅れ」や「極端な多動性」などで、保健所や病院などへの相談に結びつくことはあるにしても、目立った状態像が乏しい場合においては、早期に家族からの訴えや相談という形で話が展開することはまず少ないと思います。

まして、初めての子育てなどを含めた多くの場合は、保育園や幼稚園などの乳幼児施設での経験ある職員の「心配」や「気づき」によって保護者に伝えられ、医療や相談機関へとつながっていくことが大半ではないでしょうか。

最近では、1歳半・3歳児健診などにおいて発達障がいに関するパンフレットの配布や希望者への簡単な聞き取りなどが行われるようになってきており、さらに保育園や幼稚園などへの巡回相談システムなど、いわゆる支援者支援事業も展開され、積極的に促進されてきているところです。

■親の抱える不安と孤立

とは言え、親からすれば、突然つきつけられた宣告となる場合も少なくありません。仮に、たとえ何となくわが子に違和感を持ちながら子育ての日々を送ってきたとしても、思いきって決心して医療機関に相談に出向いて、どんなにやさしく丁寧に「○○という発達障がいです」と診断名を告げられても、「そうですか」と簡単に受け入れることなどはできません。

しかし、時として、それが障がいとの最初の出合いとなることもあります。そして、険しく、決して平坦ではない育児の道のりがスタートします。

「いったい何が起きたのか？」「この先どうなっていくのか？」「どうすればいいのか？」「これって治るの？」などの尽きない疑問や不安に襲われながら、ただただ見えない明日に焦り、右往左往を余儀なくされ、やがて、「○○療法」「△△セラピー」などの未知なる響きに翻弄《ほんろう》されながらも、わが子の成長していく時間を紡ぎ出すために、子どもと手をつないで歩み続ける毎日となっていくのです。

■周囲に理解してもらえない親たちのストレス

いつの時代も、子育てには理想と現実の両面があり、表裏一体となっています。

発達障がいを抱える子どもの育児には個人差はありますが、多くの場合、困難さがつきまといます。子どもが見せる問題行動や振る舞いにどう向き合えばよいのかわからなくなって出口のない迷路に陥ったようになり、疲れ果てて、心身ともに動けなくなってしまう親は少なくありません。いわばストレスフルな状態を余儀なくされることが多々あります。

「子どもと気持ちがつながらない」「どう対処すればよいのか」「親としてどうすればよいのか」「自分と子どもはどこに向かっているのか」など、堂々巡りの不安や疑問に悩まされながら、ともすると子育てへの自信喪失、イライラ感、孤立感、欲求不満などを抱えながら子育てへの責任を果たしていくのです。

いまだに発達障がいはその原因から解明、理解されておらず、社会的には、かかわる大人側の「育て方」に目線が行きがちであることは否定できません。この目線を、過去から現在まで、どれだけの数の親（保護者）がその背中に感じながら生活してきたのでしょうか。

世間的には、隣の庭に何の花が咲いていようが外から眺めるぐらいのものであるように、自分に影響がなければ「知らない」「関係ない」「よくわからない」「気の毒に」で処理されてしまうのです。親として、子どもの障がいを受け入れることの難しさに加え、周囲に理解してもらうことの難しさが折り重なって、子育て人生にのしかかってくるのです。

第Ⅱ章

子どもの発達…「心」と「身体」

■乳幼児期の定型的な発達経過とは

乳児期（0～1歳半）から幼児期（1歳半～就学前）における初期コミュニケーションの発達を簡単に比較化すると、下の図1のようになります。

一般的な日常場面から、乳児期には、あやされて笑みを見せ、イナイイナイバーに反応し、やがて指さしを獲得し、「おいで」「ねんね」などにも応える行動を見せます。幼児期初期には単語がつながり始め、半年、1年ごとに見事なコミュニケーション能力を身につけ、就学期には文字を理解し、会話においてもかなりの成長を見せるようになります。

発達のアウトラインとしては、身体の発達、言葉の発達、人への意識、自分への意識などにまとめられますが、それらの背景となる乳幼児期の発達の重要な基盤として、感覚・知覚の発達、認知的発達、愛着性の発達などがあります。

●乳児期 ――→ ●幼児期

●乳児期	●幼児期
・人への微笑み	・1歳半頃には言葉を獲得する
・ものを要求するための発声	・2歳頃には2語文の使用
・イナイイナイバーを楽しむ	・3歳頃には3語文以上
・絵やものを指さす	・就学前には会話の向上と文字の理解
・「おいで」「ねんね」を理解する	・イメージの拡大
・模倣	・その他
・その他	

図1　乳幼児期における初期コミュニケーションの発達

■愛着関係と虐待

ここで、愛着性（愛着：attachment）について少し述べます。

愛着は、ボウルヴィ（Bowlby,J.）という研究者によって導入された発達心理学の用語で、「人間が特定の個体（相手）に対して持つ情愛的きずな」（『発達心理学辞典』ミネルヴァ書房）を意味すると説明されます。つまり、親子関係に代表される「気持ちを通わせ合う結びつき」であるとも言えるでしょう。養育する側とされる側をつなぎ留め、さらに両者の成長を支える源泉としての愛着関係というつながりは極めて重要不可欠なものなのです。

通常の愛着関係の対極に虐待があります。近年、脳科学の視点から、小児期の虐待は、脳領域および機能発達に影響を与えると推測しています。例として、PTSD（心的外傷後ストレス障がい）、BPD（境界性パーソナリティ障がい）、解離性障がい、実行機能障がい、注意障がい、社会性・コミュニケーション障がいなどが想定されています。

通常の発達経過においても、虐待をはじめとした愛着関係の揺らぎや逸脱によって、子どもの心理的発達に大きく影響することは、幾つもの事実（事件報道や放送など）から周知されてきています。

もし虐待の背景に、生まれながらの障がいが介在していたなら、その結果はいかなるものになっていくのか、子どもにとっては避けようのない不幸になるであろうことは、誰しも想像に難くないでしょう。

障がいを抱える子どもたちの「育ち」を支えていくためにも、養育者（保護者）と子どもの関係を支援していく必要があるのです。

■心の発達

心を説明し定義することは簡単ではありません。心とは何なのでしょう。広辞苑を引けば「人間の精神作用のもとになるもの。またその作用。知識・感情・意志の総体。（以下略）」とあります。

観念論的に、あるいは科学的に、あらゆる方法を使っても満足した答えを用意できそうにありませんが、近年の認知発達研究において、相手の考えや気持ち、意図などを推測し理解する能力を指す「心の理論の発達（Theory of Mind）」という観点から、子どもはいかにして他者の考えや信念、感情、思惑などを推測し、理解していくのか、それらをさまざまな方法で見いだそうとしています。これは、言い換えれば共感性の基盤になるものです。

■心身機能の発達

乳幼児期における心身機能の発達によって生きていくために必要な力（例えば、社会性や対人関係性など）が養われていきます（図2）。

心身機能とは、精神機能と身体（運動）機能に分けられます。
簡単にそれぞれの機能を説明しましょう。

〈精神機能の発達〉

①認知機能：知覚、思考、記憶を含む物事を理解する働き
②表象機能：イメージすること、物事を思い浮かべる働き
　例）「見立て遊び」「ごっこ遊び」の成立
③象徴機能：あるものをそれとは異なるもので代表させる働き
　例）言葉、身ぶり、図式、模様などの理解
④言語機能：言語を使い、理解する働き
⑤判断機能：物事や状況を理解し、判断する働き
⑥感情機能：物事に感じる基本的な働き
⑦学習機能：経験し学び体得する働き
その他

これらの精神機能の発達に何らかの不全状態を伴い、その結果、生活していく上で困難性を余儀なくされている状況が、精神遅滞（知的障がい）です。

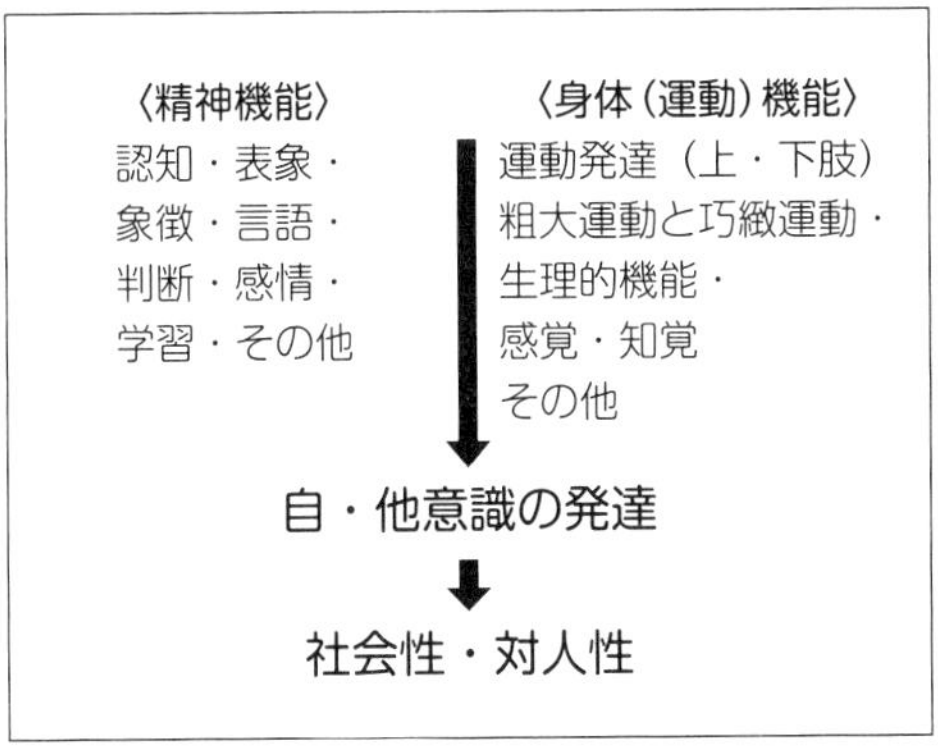

図２　心身機能の発達

〈身体（運動）機能の発達〉

①粗大運動：大きな動きであり筋力を使う（ランニング、ジャンピング、他）

②巧緻（微細）運動：手先の作業など（指先使用の製作課題、食事スキル、他）

③生理的機能：主に身体における自律神経系の働き（呼吸、発汗、排泄、心拍、睡眠、他）

④感覚・知覚：五感（視覚、聴覚、触覚、味覚、嗅覚）に代表される。外界を知る機能

これらの身体（運動）機能の発達に何らかの不全状態を伴い、その結果、生活していく上で困難性を余儀なくされている状況が、身体障がい（運動障がい）です。

■定型発達乳幼児の運動マイルストン

1歳までの乳児期の運動発達は、歩行の獲得に至る過程として眺めることができます（図3）。

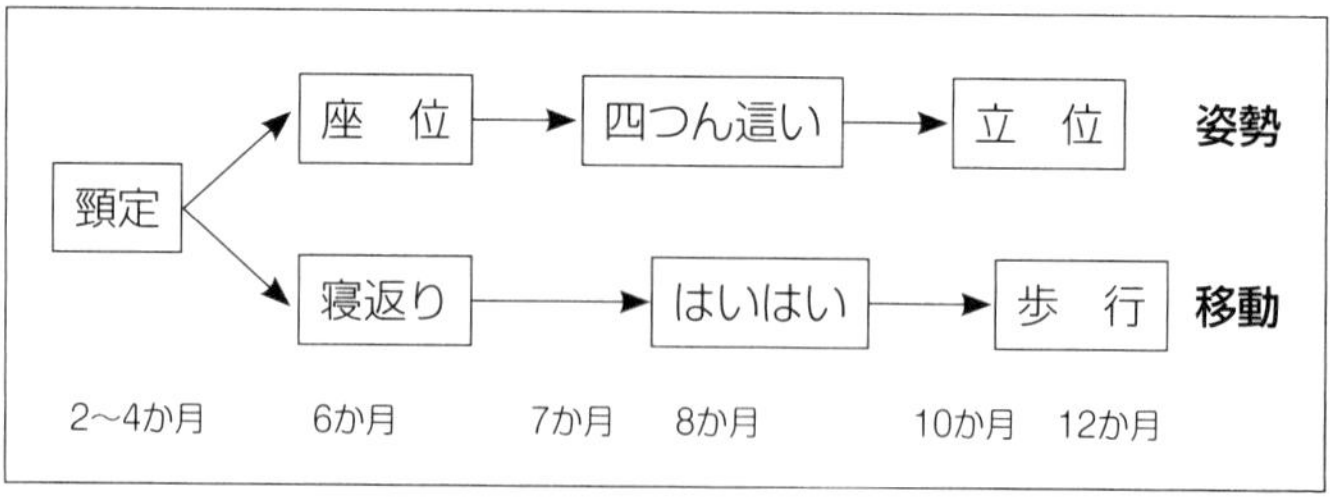

図3　運動マイルストンとおおよその獲得時期（野口和人　1996）

運動マイルストンは頸定（首のすわり）、お座り（座位）、寝返り、はいはい、つかまり立ち、伝い歩き、歩行など定型発達の子どもが見せる段階を指します（西村・小松　１９９６）。

■肢体不自由

身体障がいとは、さまざまな理由で身体（運動）機能の一部に支障をきたしている状態です。その代表は、いわゆる肢体不自由とも呼ばれる状態であり、身体の動きにおける「運動と姿勢の異常」です。発症時期は胎生期、周産期（妊娠22週から出産後7日までの期間）、生後〜老年期にわたり、その原因はさまざまです。

例えば、脳性まひの原因の約80％といわれるものに、胎児仮死、新生児仮死、低酸素、分娩外傷頭蓋内出血、核黄疸、低出生体重児、子宮内感染症などがあり、周産期に見られています。しばしば脳性まひとてんかんが合併して見られることがあります。脳性まひの子どもたちは、その誕生時から運動マイルストンどおりには進まない発達不全だけではなく、その他にもさまざまな困難（合併症など）を抱えているのです。

■発達の遅れと差

発達の遅れとは、言葉（言語）、運動、物事の理解などにおいて、おおむね年齢に見合った状態に届いておらず、幼さやつたなさとなって認められる状態であり、例えば、幼さ、つたなさ、困難さなどの表現につながりやすいものです。

図4は、A、B、C児の言語・コミュニケーション発達の経過例を示したものです。縦軸は発達年齢、横軸は実際（暦）の年齢を示しています。

A児を定型発達児とすれば、各年齢に見合った線で1歳時には1歳水準、2歳時には2歳水準と右上がりに伸びています。一方、B、C児は発達に課題を持っており、その線は低い位置で右に上がっています。3本の線にはさまれた空間が発達の「差」であり、年齢を重ねながら、その「差」が大きくなっていくことが少なくありません。

言葉（言語）の発達に限らず、乳幼児期の気になる例は他にもあります。

心身発達に課題を持つ子どもに見られやすい特徴例として、手や足が不随意／移動できない／言葉が聞かれない・増えない／呼びかけや名前呼びに反応しない／視線が合わない／真似し

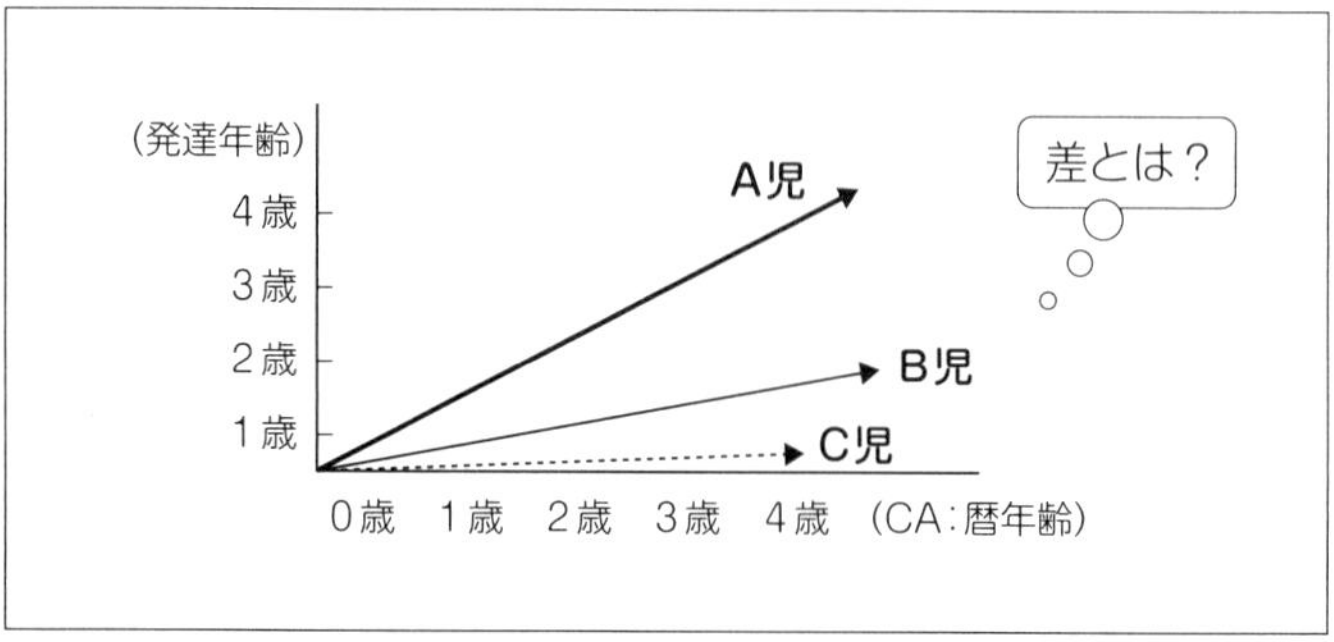

図4　A、B、C児の言語発達の差

ない／指さししない／友達と遊べない／どこへでも勝手に行ってしまう／場所見知りが強い／激しい泣き／手当たりしだいの行動／絵本などに興味を示さない／カンシャク／極端な偏食／強い拒否／奇妙な行動／睡眠や排泄のリズムが極端に崩れる／その他

などが挙げられます。

これらについては、あらためて、第Ⅲ章で取り上げます。

■心身障がいイメージ構図～病理と非病理

心身障がいの全体的なイメージ構図を概略的に描いてみました（図5）。

↕の上半分は病理的な範囲であり、下半分は非病理的な範囲です。子どもの中には、上半分と下半分が重なり合う範囲に該当する複数の障がいを抱える子どもも少なくありません。例えば、脳性まひ（肢体不自由）、てんかん、精神遅滞の3つを併せ持った子どももその一例です。さまざまな

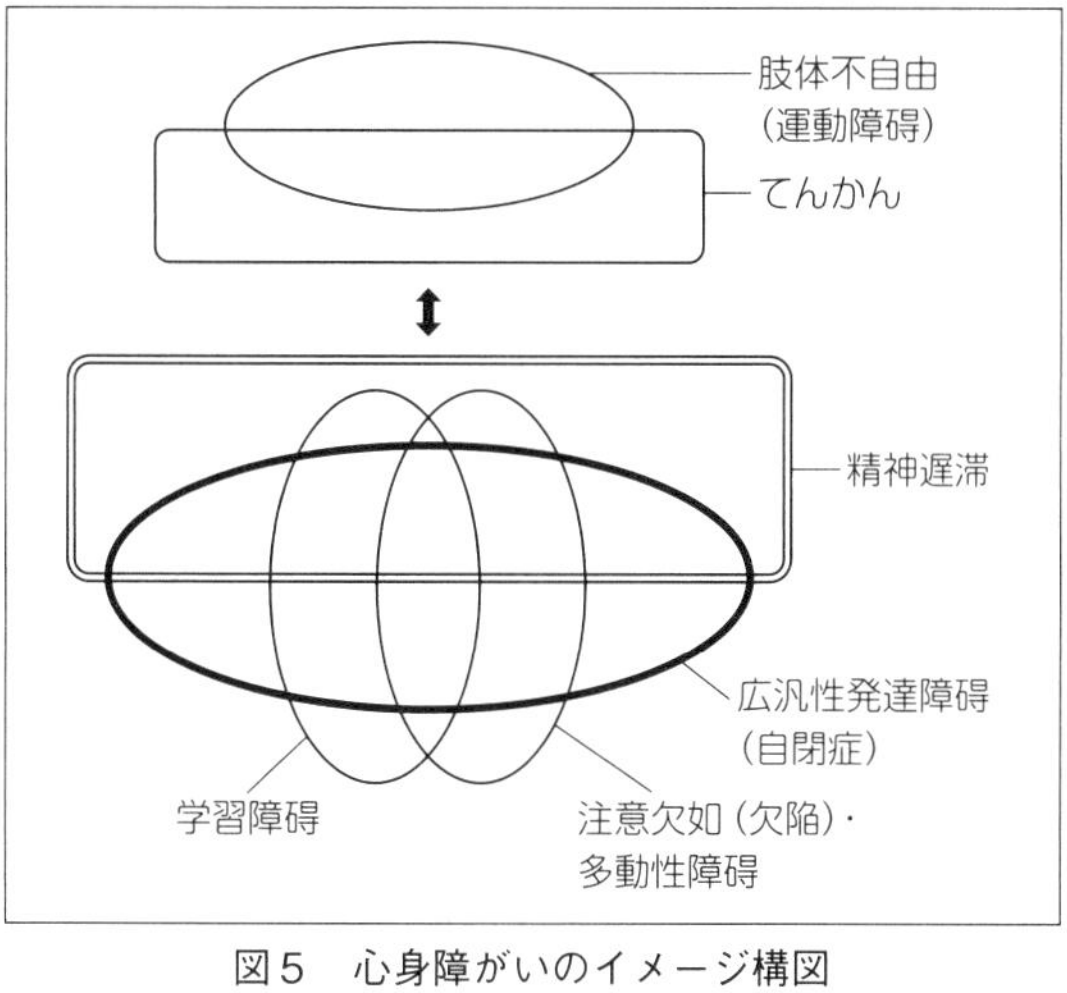

図5　心身障がいのイメージ構図

障がいの重複を抱えた子どもたちは決して少なくありません（重複障がい）。

簡単に言えば、病理的な範囲は医療とのかかわりが必要とされますが、非病理的な範囲は必ずしも医療とのかかわりが継続される必要のない子どもたちが多数出現することになります。発達障がいは、その非病理的な範囲に属しています。つまり、ある範囲の発達障がいの子どもたちは、医療でやるべきことはない、という境遇に至ることもあるのです。

そういう意味では、障がいを持ちながら元気な子どもたち（一般的健康は良好）ということになる例は少なくないのです。

第Ⅲ章

発達障がいについて

■発達障がいの昨今

発達障がいとは、生後早期から子どもの発達上に問題や課題がさまざまな特徴や困難として認められる状態であり、原因ははっきりしていませんが、見解としては中枢神経系の脳機能にあるらしい、というところで、おおむね一致しています。

最近の研究から、多くの発達障がいは「複数の遺伝子が関与する多型遺伝子モデルによって説明が可能」（杉山登志郎　２００８）であることが示唆されています。つまり、ともすると誤解されがちなように、育て方や生活環境などが主たる原因ではなく、生まれながらのものだということです。

ここで、誤解の典型的な例を紹介しましょう。

大阪維新の会に所属する大阪市会議員団の方々が、平成24年5月に「家庭教育支援条例（案）」なるものを議会に提出しようとした出来事がありました。内容全体の詳述はここでは控えますが、物議の対象となった問題部分は、第４章「発達障害、虐待等の予防・防止」にあり、以下のような内容でした。

○第15条「発達障害、虐待等の予防・防止の基本」
乳幼児期の愛着形成の不足が軽度発達障害またはそれに似た症状を誘発する大きな要因であると指摘され、また、それが虐待、非行、不登校、引きこもり等に深く関与していることに鑑み、その予防・防止をはかる。
○第18条「伝統的子育ての推進」
わが国の伝統的子育てによって発達障害は予防、防止できるものであり、こうした子育ての知恵を学習する機会を親およびこれから親になる人に提供する。

これが全国的にニュースで流れたのが平成24年5月であったことは、ある意味で驚きであったとともに、あまりにも記憶に新しい事実です。言うまでもなく、甚だしい誤解以外のなにものでもありません。

しかしながら、ここで忘れてはならないことをあらためて確認しておく必要があります。

発達障がいの子どもたちに少なからず共通に認められることとして、「対人（社会的）関係性における特異的な困難さ」「注意機能と感情の統制困難」「衝動性と行動の統制困難」「自己認知のあいまいさや遅れ」などが思いつきますが、これらは、例えば知能指数（ＩＱ）から判断される知的機能性云々では納得を満たす説明のつかない状態であり、加えて精神障がいとの明確な違いがあるのか、ないのかも不明であることなど、まだ何ひとつ釈然としないままに今日に至っているのです。現在、発達障がいはさまざまな立場から説明されながらも、おおむね「中枢神経系・脳機能不全」というところで、専門的な見解は世界的に一致しています。

親（養育者）の育て方が主たる原因で発達障がいが生じるわけではありませんが、学びながら成長していく人間の特性として考えたとき、必然的に二次的、三次的な意味で、他者とのかかわりや養育者の日常的な関係性が重要であることも忘れてはならないと思います。

子どもの発達・成長を思うとき、その願いは、一人ひとりの子どもに合った、障がいを理解した支援方法が重要であり、今以上にさらに開発され共有されていくことが切に望まれます。

■発達障がいの範囲と発生率

現在、発達障がいと呼ばれる範囲は、主に次の５つに代表されています。

①精神遅滞（ＭＲ：Mental Retardation）⇕知的障がい（ＩＤ：Intellectual Disorder）
②自閉症スペクトラム障がい（ＡＳＤ：Autistic Spectrum Disorder）
⇕広汎性発達障がい（ＰＤＤ：Pervasive Developmental Disorders）
③注意欠如（欠陥）・多動性障がい（ＡＤＨＤ：Attention-Deficit／Hyperactivity Disorder）
④学習障がい（ＬＤ：Learning Disorders）⇕特異的学習障がい（ＳＬＤ：Specific Learning Disorder）

⑤運動障がい（ＭＤ：Motor Disorder)

とくに広汎性発達障がい（ＰＤＤ)、注意欠如（欠陥)・多動性障がい（ＡＤＨＤ)、学習障がい（ＬＤ）の３つは、取り上げて説明されることが多く、目立っています。

では、それぞれのおおよその発生率はどの程度の数字に代表されるのでしょうか。

近年の調査から発達障がいの発生率として、精神遅滞２・２％、広汎性発達障がい２・１％、注意欠如（欠陥)・多動性障がい３〜５％、学習障がい３％という数字が示されています（杉山登志郎２００７)。

この数字を参考に取り上げて、眺めてみてわかることとは、単純に合わせると10％を超えるということです。広汎性発達障がいにおいては、この数字は１９７０年代に他国で調査された数値の50倍に相当するという報告もあるのです。

日本においては、平成24年度（２０１２年）に文科省から、全国の公立小中学校における障がいを含めて何らかの課題があると想定された子どもの発生率は６・５％と発表されました。あくまでも公立学校の範囲なので、私立や民間機関は含まれていないとしても、前述した発生率10％以上との数字上の違い、整合性をどうとらえればよいのでしょうか。さらにしっかりとした、悉皆《しっかい》調査が望まれるところです。

■知的障がい（精神遅滞）は発達障がいには含まれないのか？

日本においては、発達障害者支援法（平成16年　文部科学省）の定義（第2条）があり、知的障がい（精神遅滞）は発達障がいには含まれていません。しかし、学術的領域や海外の医学的診断基準（例えば、アメリカの精神疾患の分類と診断の手引きDSM－5）などにおいては、神経発達障害群範囲として説明されています。

■発達障がいは重なり合いながら広がっている？

図6は、発達障がい概念のイメージを図にしたものです。

それぞれは実線で分かれていますが、現実にはこれほど明確ではないでしょう。

図のそれぞれが色分けされた液体と想像するとわかりやすいかも

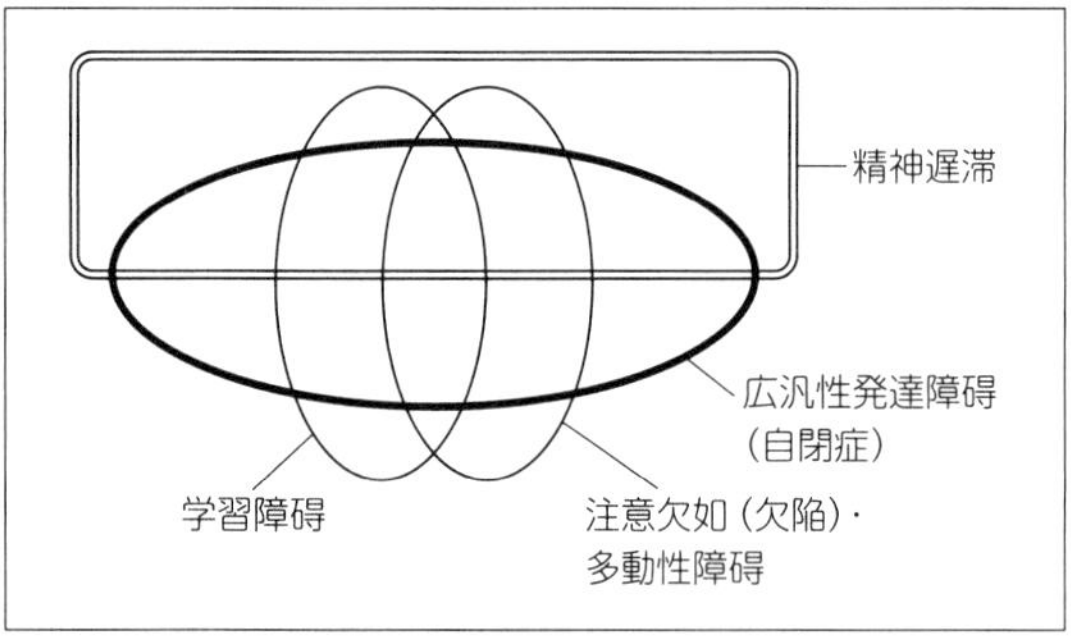

図6　発達障がいのイメージ構図

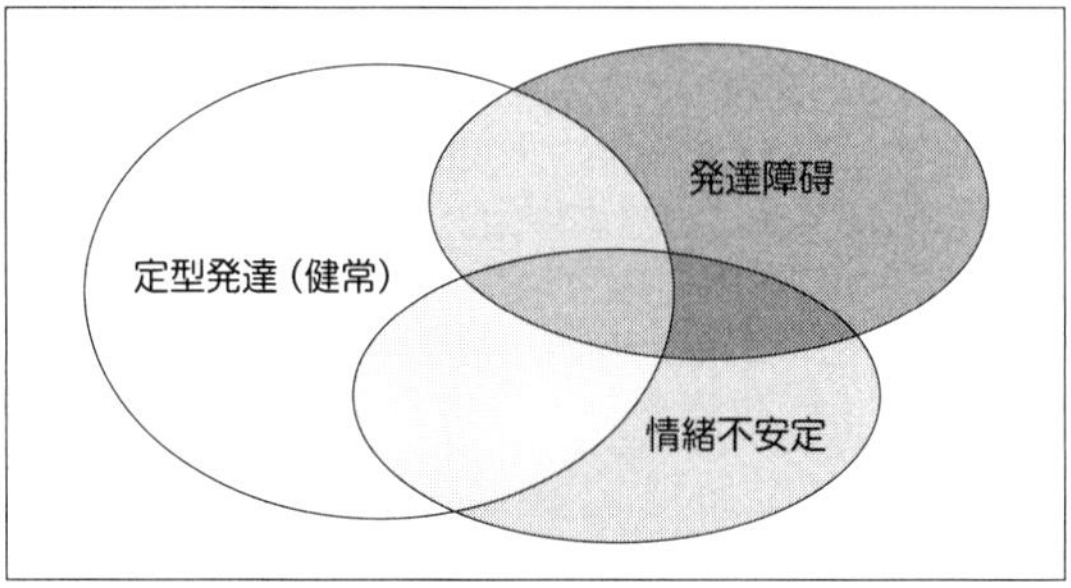

図7　統合保育・教育現場の子どもたち

しれません。実線である境目は、違う色どうしが混じり合ってモヤっとしたような判別がつきにくい状態になるはずです。まさにそれに似ており、実際には、特徴が判別・特定できない子どものほうが多いのではないかと思われます。

■保育・教育現場での「○○傾向」の増加

近年、発達障がいのバリエーションがかなり多様化してきており、医療的な診断が難しい子どもたちが増えてきていることは周知のところです。いわゆるグレーゾーンと言われる範囲に該当する子どもたちです。

つきつめていけば何らかの診断や暫定的な判断がなされるとは思いますが、医療側も診断後に、やや微妙な症状や状態が見られる場合もあるため、確定的なことを言いづらい場合も少なくないようです。

いわゆる発達障がいの子どもたちの状態像は、年齢によって徐々に変化し成長していきます。

病院や保健所、あるいは民間の相談所も含めて複数の相談

ひとくちコラム

発達のアンバランス

発達障がいは、よく「遅れ」「偏り」「歪み」と説明されます。

「遅れ」は、その年齢水準に発達が届いていない状態であり、精神遅滞（MR）に代表されます。

「偏り」は、一般的に見られる状態ながらもそれらが顕著に目立ち、生活上に問題を招いている状態であり、注意欠如（欠陥）・多動性障がい（ADHD）に代表されます。

「歪み」は、その子に特異的に見られる状態であり、広汎性発達障がい（PDD）がその代表です。

機関を利用された保護者から、それぞれ微妙に違うことを助言されたと聞かされることがよくあります。また、「○○傾向」というような言い方もあり、一体どれが本当のことなのかわからないということも増えています。例えば、自閉傾向と言われたら、自閉症とどう違うのか考えてしまうでしょう。非常にあいまいな表現ですが、「傾向」という言葉は、ある意味で便利なのです。しかし、それゆえに使いやすさと両刃の不明瞭な微妙さを常に感じさせる原因になっているのかもしれません。

38ページ図7は、統合保育・教育現場において、さまざまな発達的な課題を持つ子と持たない子が同居し生活しているイメージ図です。統合空間においてそれぞれが重なり合いながら生活していますが、まさに重なり合う部分に「気になる子」「グレーゾーン」と位置づけられる子どもたちが生活していると考えてもよいでしょう。

精神遅滞(精神発達遅滞)(MR)⇕知的障がい(ID)

一般的定義

アメリカ精神医学会の診断基準によれば、精神遅滞とは、「18歳までに出現する状態で、知能指数が70より低く、適応行動の水準が年齢の基準よりも低い状態」と定義されています。

また、WHO（世界保健機関）の診断基準においても同じように、「知的機能の水準の遅れ、さらに通常の社会的環境での日常的な要求に適応する能力の乏しさと、診断ガイドラインとしてIQ（知能指数）70未満」と定義されています。

日本では、以前は精神薄弱と呼ばれていましたが、この「薄弱」という表現はすでに使われていません。1999年4月から、法律用語としての「精神薄弱」という表現は、すべて「知的障害」となっています。

■診断基準（DSM-Ⅳ-TR＝アメリカ精神医学会「精神疾患の分類と診断の手引　第4版新訂版」）

A　明らかに平均以下の知的機能：個別施行による知能検査で、およそ70またはそれ以下のIQ（幼児においては、明らかに平均以下の知的機能であるという臨床判断による）

B　同時に、現在の適応機能（すなわち、その文化圏でその年齢に対して期待される基準に適合する有能さ）の欠陥または不全が、以下のうち2つ以上の領域で存在：コミュニケーション、自己管理、家庭生活、社会的／対人的技能、地域社会資源の利用、自律性、発揮される学習能力、仕事、余暇、健康、安全

C　発症は18歳以前である。

精神遅滞という診断は「知能指数（IQ）」と「適応行動」によってなされますが、一般社会的

にはＩＱのみが暴走しがちであることは否定できません。生きていく上での適応行動水準が重要であることを忘れてはならないと思います。

■障がいの重軽度

精神遅滞の重軽度は、表からもわかるように、施行されたＩＱ検査の結果を基準にして、軽度、中等度、重度、最重度の４段階に分けています。これが療育手帳の４段階（１～４度まで）のおおよその判断基準にもなっています。

■精神遅滞の要因

精神遅滞の要因には、おおむね３つの考え方があります。

①生理的要因

遺伝的な原因に基づくものであり、親からの遺伝によって、精神発達（知能の発達）が遅れた状態です。多くの場合、軽度範囲であり、成人して社会生活を送っています。

②病理的要因

病理的な原因によって精神発達（知能の発達）が遅れた状態です。

程度	IQレベル
軽度精神遅滞	50（55）～おおよそ70
中等度精神遅滞	35（40）～50（55）
重度精神遅滞	20（25）～35（40）
最重度精神遅滞	20（25）以下

精神遅滞の重軽度

出生前、出生期、出生後においてさまざまな病理的原因が確認されています。例えば、染色体の異常（ダウン症候群など）、発達初期における感染、中毒、代謝異常、外傷などです。

③環境的要因

主に環境的な原因で精神発達（知能の発達）が遅れた状態です。知能発達に必要な刺激が乏しい条件下では、物事の学習がうまく促進されにくいことを考えれば、うなずけるところです。例えば、野生児の話や母子関係不全などが挙げられるでしょう。

■知能検査と知能指数（IQ：Intelligence Quotient）

知能検査とは、幾つもの設定問題（動作性、言語性、概念）を使って、その反応評価からおおよその精神年齢を導き出す方法です。また、知能指数とは、検査結果を数値化したもので、一般的には知能検査から導き出された精神（知能）年齢（MA：Mental Age）を実際の暦（生活）年齢（CA：Calendar Age）で割って、100を掛けた値を指します。

ひとくちコラム

愛の手帳（療育手帳）

公的な説明を引用すれば、「知的発達障害者（児）が、各種のサービス（手当、制度等）を受けるために東京都が交付している手帳です（東京都福祉保健局)。他の自治体では多くは、『療育手帳』と称しています。障害の程度は、知能測定値・社会性・意思疎通・身体的健康・日常の基本的生活などを年齢に応じて判定し、1度から4度に分けられています。

利点としては、手帳を持つことによって、各種の手当やサービスが受けられるようになることです。

例えば、一般的に有名な田中ビネー知能検査法でいえば、以下のような公式になります。
知能指数（ＩＱ）＝「精神年齢（ＭＡ：月数）÷暦年齢（ＣＡ：月数）」×１００

わかりやすい例を挙げてみましょう。

Ａ君（生活年齢5歳2か月）の検査結果は、精神年齢3歳1か月でした。この場合、知能指数はどのくらいになるでしょうか？

検査から導かれた精神年齢を月数に変換すれば、37か月です。一方、生活年齢を月数に変換すれば62か月です。

したがって、37÷62×１００＝59・６7となります。小数点以下四捨五入して、おおよそ60。結果、Ａ君のＩＱは60ということになります。さらに生活上の行動が幼く、困難さが目立っていれば、総合的に判断して軽度精神遅滞の範囲に該当するということになります。

近年、発達障がいを抱える子どもたちも含めて専門的に使用されてきた知能検査法として、比較的信頼度が高いものに、ＷＩＳＣとＫ‐ＡＢＣがあります。

ウェクスラー（Wechsler, D.）によって発表された個別式の知能検査法がＷＩＳＣです。通称「ウィスク」と呼ばれています。現在は、ＷＩＳＣ‐Ⅳまで改訂されています。一方、カウフマン夫妻

(Kaufman) によって発表された個別式の知能検査法がK－ABCです。現在は、K－ABCⅡまで改訂されています。

知能検査では知能指数（IQ）100を標準としています。IQ85以上を平均知能とするなら、その間にあるIQ71〜84が境界線（ボーダーライン）知能ということになります。この境界線知能の人は、計算上13・6％となり、つまりその割合で存在するということになります。

軽度域の発達障がいが注目されている現在、幾つかの問題も指摘されています。それは被虐待児、少年非行などの事例において境界線知能が目立っている傾向であり、わが国の子育て問題の主要なテーマでもある軽度発達障がい、子ども虐待、非行問題などに密接にかかわる無視できない論点となっているのです。

■発達検査と発達指数（DQ : Developmental Quotient）

知能指数（IQ）の他にも、子どもの発達水準を示す数値として、発達指数（DQ）があります。これは、発達検査によって導き出されます。

発達検査は、主に生活や作業場面などを観察して、いわば日常的な行動評価をもとに、個人の運動領域から言語や認知的な領域に至るまでの発達段階を導き出す方法です。遠城寺式・乳幼児分析的発達検査、新版K式発達検査などが知られています。

自閉症スペクトラム障がい（ASD）

この項においては、いろいろな呼称が出現してくるため、わかりにくく紛らわしい印象を持つかもしれません。例えば、自閉症、広汎性発達障がい、自閉症スペクトラム障がい、高機能自閉症、アスペルガー症候群、高機能広汎性発達障がいなどです。

これらは、厳密には、それぞれに意味があるのですが、一言で言えば、自閉症を中核とする障がい概念であり、さらに誤解をおそれずに言えば、読み進むうちにすべて同じ障がい範囲を指している、ということを理解されることでしょう。

■生きにくさを抱える子どもたち

自閉症を抱える子どもたちは、幾つもの「生きていく上での困難さ」を抱えています。子どもたちと接しながら、筆者が肌身で感じ取ってきた子どもたちの心の様相があります。

・孤立

集団社会の中にあって、他者とのかかわりや交流を通常の形で持ち続けることができず、いつも一人で過ごすことを余儀なくされる。孤独を好むわけではないにもかかわらず、孤立状態になってしまう。

・つかめない「意味」の洪水の中で

耳に入ってくる「何かを表現しているのであろう言葉のつながり」、目にする「他者が交わし合う（言葉とは違う）表情、振る舞いや動きの違い」、その意味がつかめず、理解できないため、不安や混乱、恐怖に襲われながら、それでも他者とのつながりを求め続ける。

・「変化」という怪物

自分を取り巻く周囲のすべてが毎秒、毎分、毎日変わっていくことに恐れおののきながら、その変化に抵抗する。そうしなければ1秒後、1分後の未来を推測することができないため、ひたすらリセットしようとしながらも、気持ちは不安定に揺れ動き続ける。

・「自己の世界」と「外の世界」

自分の中に積み上げた世界と、自分の外側にある世界との違いや共通点がよくわからず、遠近さえも感じ取れないでいる。それでも容赦なく、数えきれない刺激が何の断りもなく入りまじって襲ってきては離れていく。その「混沌」から脱出したくてもそれができない。

決して感傷的になっているわけではありません。こういった様相は、子どもたちから語りかけてくるように私が感じてきたものです。この社会は、自閉症の子どもたちにとっては、描ききれない、表現しきれない、境目のない宇宙のようなものです。その大海原を磁石も羅針盤も持たずにひたすら渡ろうとする子どもたちが、心身で訴えかけてくるのです。

■自閉症（Autism）の歴史

人類の歴史において、昔から自閉症の人がいたことは容易に推測、理解できるとしても、それらに関する過去の情報を定かな形で知ることは、なかなか難しいものです。

公に共有し得る契機になり、世界にその存在が医学的発表という衝撃的スタートを切ってからすでに70年が経過しています。その経緯の概略を記します。

自閉症は、１９４３年、アメリカの精神科医レオ・カナー（Kanner, L.）によって発見され、11名の子どもたちの事例報告（「感情的接触の自閉的障害」という論文）として初めて発表された障がいです。

自閉という言葉はもともと精神病（当時の精神分裂病）の閉じこもり症状から引用された表現であり、「早期幼児（小児）自閉症（early infantile autism）」と命名されました。

そして、ほとんど同時期、カナーに遅れること約1年、１９４４年、オーストリアのウィーン大学の小児科医ハンス・アスペルガー（Asperger, H.）が同じような特徴を見せる子どもたちの報告（「自閉的精神病質」）を行いました（カナーとの交流はない）。現在ではアスペルガー症候群と呼ばれており、知的な遅れのない自閉症の人たちを指します。

こうして、カナーとアスペルガーによって自閉症の歴史がスタートしました。さまざまな仮説や理論も生まれては消えていますが、それらの足跡は、自閉症という障がいの解明がいかに困難であったかを物語っています。

１９６０年代に入ってブルーノ・ベッテルハイムが唱えた「母子関係原因説」は、現在ではすでに否定されていますが、これが流布された当時は母親の責任が問われ、世界中に波紋を広げました。実際、日本においてもその影響の大きさが当時の関連出版物に表れています。

60年代はもとより、70年代に至っても精神医学的な心因論と器質論がぶつかり合っていました。例えば、山中康裕は、「自閉症、それは零歳台よりはじまる人間のこころの病である」「自閉症は現代病であり最近依然増加している」「この自閉症なる疾患はやはり分裂病の幼児型であり、その治療には心理療法が必要である」（１９７７）と説いています。驚くことに、今、目を通してみても、その論説はきめ細やかで、隙がなく映ります。

その後、１９８０年代にローナ・ウイングによってまとめられた高機能自閉症（アスペルガー症候群）の発表までの研究の進化は目を見張るものがありました。それが今につながっています。振り返れば、いわゆる心因説から器質論としての脳機能障がい説に至るまで、それだけの時間が必要だったのでしょう。

今後は、遺伝子研究＊、ミラーニューロン仮説＊＊、免疫系研究、画像研究、ホルモン研究、その他、仮説から実証研究に至る広範囲な領域で、さらに自閉症の科学的な解明が進んでいくと思われます。

■「広汎性発達障がい（PDD＝Pervasive Developmental Disorders)」という概念

自閉症研究が進むにつれて、症候群としての見解が強まり、1980年代に広汎性発達障がいという、自閉症の上位に位置する概念が作られました。

広汎性発達障がいとは、自閉症を中心に据えた障がい概念であり、自閉症範囲を広くとらえていることを意味しています。

アメリカ精神医学会のDSM-IV-TRにおいては、広汎性発達障がいには、自閉症、アスペルガー症候群、レット症候群、小児期崩壊性障害、特定不能の広汎性発達障害（PDD-NOS・非定型自閉症を含む）が掲げられています（図7）。

広汎性発達障がいの「広汎性」というのは、「重症かつ広範」に対する概念です。「広汎性」という語の響きから、広汎性発

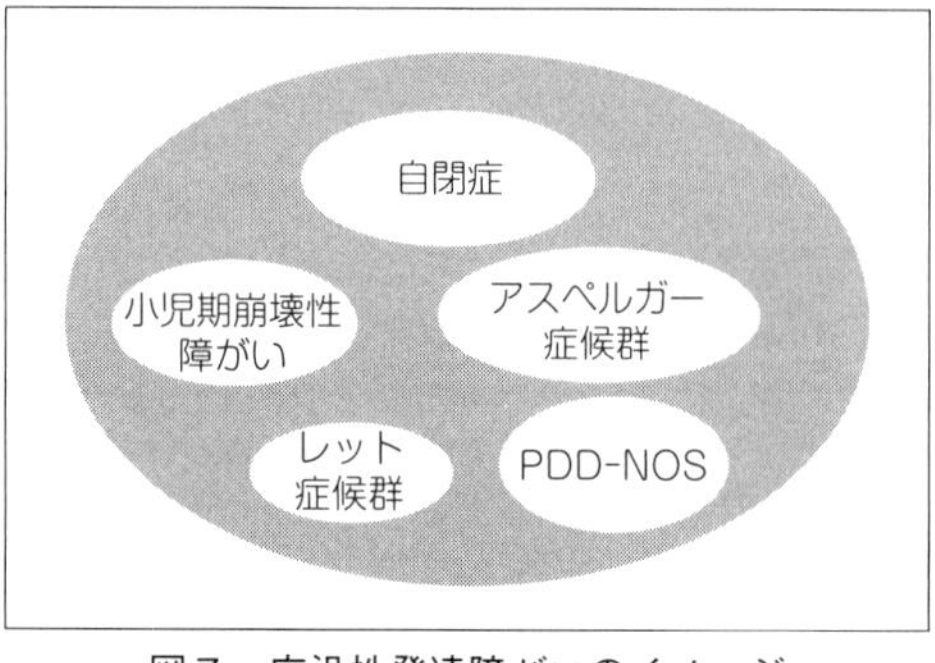

図7　広汎性発達障がいのイメージ

＊複数の遺伝子と環境要因の相互作用によって発症する「多因子疾患」が、現在注目されています。

＊＊まだ詳細は不明ですが、動物実験では脳内に確認されていて、ヒトにとっては他者の感情や行動を理解するために何らかの働きをしているのではないかと考えられています。

達障がいという表現のほうが、発達障がいという表現より広義であるかのような印象を持たれやすいですが、自閉症範囲を説明した表現である以上、意味的には単に「発達障がい」と呼んだほうが広義なのです。

■自閉症の特徴

簡単にまとめれば、おおよそ3歳までに発現するもので、以下の3領域のすべてに特徴的な機能不全（障がい）が見られます。

①社会的相互交渉の障がい

社会的相互交渉においては、対人性・社会性の発達的障がいであり、人とのかかわり、集団活動への参加が苦手で困難な様子が多く認められています。いわば関心や興味が限定されているようにも見えます。

②コミュニケーションの障がい

コミュニケーションにおいては、言語的な発達と非言語的な発達の障がいがあります。

前者は、言語がないか、あっても会話としてのやりとりが難しく、オウム返しのような反応や独語（一人おしゃべり）、あるいは同じ言葉を繰り返す様子が多く認められます。

後者は、表情や雰囲気、身ぶりなどをうまく理解できなかったり、逆にそれらを使用して伝えることにも困難さを見せます。

③定型的で常同的な行動

決まりきった形式で常同的な行動が見られます。固執的にいつも同じような動作や行動をパターン的に繰り返し、特定のものや状況・状態に強迫的にこだわる様子が多く認められています。

その他にも、想像的活動の障がい（イメージや想像の共有が困難）、聴覚や嗅覚が過敏だったり（耳ふさぎ、臭いものに関心を示すなど）、逆に過鈍だったりする、身体回転後にも眼振が見られなかったりする（それほど目が回らない）などの様子も報告されています。

■自閉症の診断基準

世界的に見て、診断基準にはＷＨＯ（世界保健機関）によるＩＣＤ（国際疾病分類）とＤＳＭ（アメリカ精神医学会編）の２つが代表的です。

ここで、ＩＣＤ-10のＤＣＲ研究用診断基準とＤＳＭ-Ⅳ-ＴＲの自閉症の診断基準を、並べて眺めてみましょう（資料編Ｐ２５３参照）。

自閉症の診断基準として、この２つに同じようなことが書かれてありながら、どちらも、どこにも知能指数や発達段階などに具体的に触れてはいないのです。すでに取り上げた精神遅滞の診断基準には知能指数が入っていましたが、自閉症にはそれらはありません。おおむね、行動観察的なチェック判断なのです。

そういう意味では、「自閉症とは、行動的・対人反応的に、ある特徴を持った人たち」と言えるかもしれません。

■幼児期によく見られる状態像の例

自閉症を抱える子どもの幼児期にはさまざまな状態が見られます。その代表的なものを以下にまとめました。

・無発語、言語消失、言語遅滞

とくに言語発達にはいくつもの課題があります。例えば、まったく話さない状態（無発語）はもとより、1歳過ぎてから順調に言葉が聞かれ始めていたにもかかわらず、1歳半を過ぎたある時期に突然言葉が消えてしまうこともあります（言語消失）。あるいは、いつまでも言葉が増えない、上手に話せない（言語遅滞）などさまざまであり、親の不安や心配は絶えることがありません。

・オウム返し反応

相手が言った言葉やフレーズのオウム返し（エコラリア）が、聞かれることも多く経験されることです。決して自閉症のみに見られるわけではないのですが、自閉症に目立っていることは確かです。

・声かけや呼び名への反応が乏しいか、まったくない

これもすべての自閉症を抱える子どもに共通しているわけではありませんが、とくに乳幼児期において、名前を呼んでも、声かけしてもスムーズな振り返りなどの反応が乏しく、子どもによってはまったく反応しないということも珍しくはありません。事実、聞こえ（聴覚）の病気を疑って耳鼻科を受診するケースもあるほどです。

・模倣（真似）しない、あるいは困難

楽しいリズム体操やダンス、手遊び歌などの場面を幾度も経験しながら、真似（身体模倣）することが乏しい（困難な）子どもも少なくありません。例えば、あいさつやバイバイなどの毎日繰り返される日常的な行為にも模倣を見せず、そもそも関心を見せないことも珍しくありません（無関心）。

・こだわり（固執）

考え方によってはみな誰しも幾つかの「こだわり」を持って生活しているものですが、自閉症範囲の子どもたちに見られる「こだわり」は、その強さからして独特の様相を展開します。同一性保持ともいわれる特徴的行動です。

一つのものや物事の状態・状況をいつも同じように再現させようとする行動（反応）であり、程度によっては強迫症状にも重なることがあります。時として、あたかもその強力な縛り、「そうでなければならない！」という強い思いにがんじがらめになって、本人自身が振り回されているようにも見えます。

・クレーン行動

例えば、誰か他者と一緒に絵本を眺めるときなど、ページめくりや絵柄への指さしなどを自ら行わず、最初にめくったり、指さしたりした人の手や指を持って、そのとおり再現させようとする行動です。まるで他者の手や指先を機械のクレーンのように使うところから、こう表現されています。

奇妙な行動ですが、ここに自閉症の認知的な課題（障がい）が表れています。自己の身体への認識が、まるで自分のものではないかのようにも見えます。他者が見せる身体の動きを自分の身体に移し替えて再現することができないのです。つまり、自分と相手との関係性が実現していないのです。

・逆向きのバイバイ手振り

この行為は、自閉症の子どもに見られる代表的行動と言ってもよいでしょう。自閉症範囲の子どもが全員例外なく見せるわけではありませんが、顕著に多いことは事実です。

この場合、バイバイを模倣したことにはなりますが、相手に自分の手の甲を向けてバイバイを行うために逆向きになってしまうのです。そもそも相手が手のひらを向けてくるため、自分の手のひらを自分に向けてしまうのです。ですので、子どもにこちらから手の甲を向けて（見せながら）バイバイすると、中にはきちんと自分の手のひらをこちらに向けてバイバイすることもあるのです。

自他関係の認知が障がいされている表れといえるでしょう。

・視線が合いにくい

自閉症範囲の子どもすべてに共通するわけではありませんが、乳幼児期には比較的多く見られる特徴です。

視線は強い刺激を持っています。生まれながら刺激に過敏な反応傾向を持って生まれた子どもにとって、相手が繰り出す視線刺激はとても苦手です。それを避けようとするのです。

・いわゆる自閉的な特徴（特異）的行動

その他にも、自閉症範囲の子どもには（すべての子どもに見られるわけではありませんが）特徴的な行動が数多く見られます。

例えば、回転するものに見入る、自分がグルグル回る、小走りダッシュ、横目で見る、手かざし、壁沿い歩き、つま先歩き、長いひもや棒などをリズミカルに振る、両手をヒラヒラさせる、胸元で指先をクネクネさせるなどです。

■現在までにわかってきたこと

①発生率と性差

発生率としては、2％前後といわれており、日本には240万～250万人ぐらいと推定されています。性差としては、

ひとくちコラム

折れ線型発達

いまだ、原因不明ながら、生後発育に特異的な異常が見当たらないにもかかわらず、1歳過ぎ、1歳半から2歳頃にかけて、それまで見られていた模倣反応や言語表出などの対人反応が消えてしまうことがあります。1歳半頃まで見られていた言語がその後急速に失われ、いわゆる自閉的特徴が表れ始めるのです。

この発達の型は、広汎性発達障がい（自閉症）に報告されることが多く、折れ線型自閉症とも呼ばれています。

女児に比べて男児に3～5倍多く出現するといわれています。

②合併症

7割以上に精神遅滞が認められ、約15％以上にてんかん、脳波異常が認められるという報告があります。

③原因論のいろいろ

詳細はいまだ不明ですが、生来性（生まれながら）の脳機能障がいとして理解されており、分子遺伝学、心理学などから多面的に研究されています。

■さまざまな誤解

「自閉症」の「自閉」という文字イメージから、とかく誤解されやすいことは否定できません。うつ状態、ひきこもり、引っ込み思案など暗くマイナスなイメージがつきまとっており、なかなか正しく理解されない歴史が続いています。また、さまざまな特徴的な行動から、育て方やしつけの問題を問われたり、度を越えたわがままと思われたり、複数の精神病と混同されたりと評価や判断もさまざまです。

いまだに、そういった誤解や批判が、自閉症という障がいの理解を遅らせているのです。

■自閉症スペクトラム障がい（ASD=Autistic Spectrum Disorder）

かつて、アメリカの精神科医レオ・カナーによってその扉を開いた「自閉症」の歴史において、高機能自閉症、アスペルガー症候群、非定型自閉症など、同じような特徴を持ちながらも個々の状態像が微妙に異なるこの症候群に対して、連続的な広がり（spectrum）のライン上でとらえる「自閉症スペクトラム障がい（ASD）」という呼び方が浸透してきました。

自閉症の広がりは、知的障がいが最重度の領域から、知的高機能（あるいはそれ以上）の領域まで広範囲に及んでいます。例えば、生涯にわたって生活にほぼ全介助を要する人から、大学や大学院で専門研究に従事する人までさまざまです。

いわゆるカナー型自閉症、高機能自閉症、アスペルガー症候群、そして自閉症の診断基準は満たさないまでも自閉的な特徴が見られる範囲とされる特定不能タイプ（PDD-NOS）を障がい度の重い領域から連続的に位置づけていくと、理解しやすくなります（図8）。

スペクトラムとは、自閉症という障がいが精神発達やコミュニケーション、対人関係、身体運動、その他の発達の連続的な広がりの上に存在していることを意味しています。

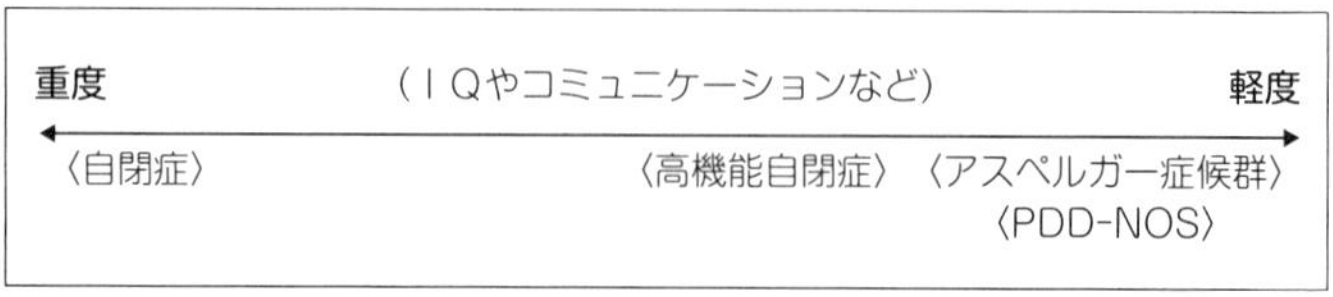

図8　自閉症スペクトラム概念図

自閉症は長い間1万人に数人～十数人の発生と言われてきました。しかし、この自閉症スペクトラムの概念の広がりに伴い、最近では100人に1～2人と言われてきています。

発生率は1～2％ということになります。

■高機能自閉症とアスペルガー症候群（AS）の比較

下の表は、アメリカのTEACCH＊センターから示された高機能自閉症とアスペルガー症候群の両者の特徴を並べたものですが、見てのとおり、両者の特徴は、とても対照的であることがわかります。

高機能自閉症範囲は、知能指数が70以上（知的障がい範囲ではない）であり、3歳までに言葉の遅れがあり、目で見ながらものを操作する力（動作性IQ）が目立っています。

一方、アスペルガー症候群は、知能指数が平均（100前後）以上であり、3歳までに言葉の遅れがなく、会話でやりとりする力（言語性IQ）が目立っています。

両者の違いは、コミュニケーションや言語発達の発生的な違いがあることを否定できないまでも、だからといって、例えば、アスペルガー

高機能自閉症	アスペルガー症候群
• 幼児期早期の言語の遅れ • IQは70（75）以上 • 動作性IQ＞言語性IQ • 粗大運動は得意	• 言語の遅れがない • 平均以上の知能 • 動作性IQ＜言語性IQ • 不器用（微細運動が苦手）

(Wilmington TEACCH Center)

高機能自閉症とアスペルガー症候群の特徴の比較

症候群の子どもには言語コミュニケーションに問題がない、とは言いきれない「生活的・現実的な困難性」があることは多くの事実が語っています。やはり、両者に共通する課題の一つは、対人関係における共感性（相互主観性）と、それを含む受け渡し機能にあるのではないかと考えられます。最近の考え方として、高機能自閉症とアスペルガー症候群をとくに分類する風潮は影をひそめつつあるようです。まとめて高機能広汎性発達障がい（ＨＦＰＤＤ）という表現を用いるようになっています。

＊アメリカ・ノースカロライナ州で行われている自閉症療育。Treatment and Education of Autistic and related Communication Handicapped Children の略。

■中枢性統合の弱さ

ＡＳＤの人たちに共通して見られる特徴として、中枢性統合の弱さが指摘されています。中枢性統合とは、個々の情報を関連づけて全体の意味や物事の重要性を区別し判断する能力を意味します。しかし、多くのＡＳＤの人たちは物事の細部に注目してしまうため、例えば、全体の意味や意図がわからずにいます。その結果、

- 全体像の把握や理解が難しい（文脈や状況に応じた、あるいは部分と部分をつないだ全体像の理解が困難）。
- 目の前で展開されている物事から何が期待されているかの把握や理解が難しい（意図性への推理

が困難)。

- 物事の流れの次を予測することが難しい(現状から推測して次の状況をイメージすることが困難)。
- 物事や生活などの組織化が難しい(意味を理解して全体を整理することが困難)。
- 何から始めて、次はどうするのか、終わりはどうするのかが難しい(文脈や因果関係に則した順序づけが困難)。

という状況を招きやすいのです。

アスペルガー症候群(障害)の診断基準をご覧ください(資料編P250参照)。

■診断基準の進化?

最新のDSM-5(第5版)では、広汎性発達障がいの中のレット症候群を除いた4つ*を一つにまとめて、自閉症スペクトラム障がいとしています。そして、いわば、社会的(実際的)コミュニケーション障がいと言えるSocial (Pragmatic) Communication Disorderが載っています。しかし、一つの診断名に一括したこの最新DSM-5の使用は、微妙な問題を抱えていると言わざるを得ません。

DSM-Ⅳ-TRでは個々の障がいの診断基準が詳細でわかりやすかったのですが、DSM-5では、例えば、知的に高くなるほどPDD-NOSや定型発達領域との違いが見えにくく、診断や判断が困難になるのではないかと危惧されます。現時点ではまだまだDSM-Ⅳ(DSM-Ⅳ-TRの元版）を基準に判断する必要があります。また一方、米国においての医療保険問題との関連を指摘する専門家もいます。

＊カナー型自閉症、アスペルガー症候群、特定不能の広汎性発達障がい、小児期崩壊性障がいの４つ。

■社会的コミュニケーション障がい（SCD=Social Communication Disorder）

ＤＳＭ－５に登場した障がい範囲です。例えば、あいさつや情報を共有するような会話、場所や雰囲気、聞き手の要求に合わせたコミュニケーションができにくく、自然な相づちや推測を要するあいまいな表現を理解することができにくい、といった特徴を持っています。どこかアスペルガー症候群の一部の人たちに見うけられるイメージが重なってきます。今後、注目されてくるでしょう。

■ＨＦＰＤＤ児が就学すると…

アスペルガー症候群を代表とする高機能広汎性発達障がいの子どもたちの多くは、知的障がいを伴わないとみなされて、小学校の通常のクラスに入っていくことになります。入学後の学校生活において、しばしば見受けられる様子を幾つかまとめてみました。

いずれも、学校という場では、何かにつけて目立ってしまう行動です。しかし、本人は客観的に自分をとらえることがうまくできないため、奇妙に見られたり、誤解されたり、日常的に不利な立場を余儀なくされる状況が続くことになるのです。

- 教室になかなか入れない。騒がしさが気になりイライラしている。
- 会話が下手。自分の好きなことばかり一方的におしゃべりする。孤立している。
- 視線が合いにくい。合わせても不自然（奇妙、よそよそしい）。
- 突然、奇声を発するので、周囲が引く。
- ちょっとしたことに興奮して騒ぐ。過剰反応とパニック。
- 自分の気に入らないことを言われたりすると、相手を執拗に言葉で責めたり、乱暴行動に出る。
- 独り言を言い続けたり、ニヤニヤしたりする。
- 一人手遊びのような奇妙な行動、目の前にものなどをかざしたり、空中に落書きしたりする。
- 場違いな言動。その場の雰囲気が読めない。
- 相手に対して失礼なことを臆せずストレートに言ってしまう。
- 委員会や会議を嫌がる。
- 特定の一つのことにこだわる。
- ルール違反者を許せない。
- 暗黙の了解ごとがわからない。
- ある場所ではできることが、違う場所ではできない。
- 発想は独特だが、筋違いなことを言う。
- 難しい言葉や表現を使うが、意味がチグハグで通じない（形式的な表現にこだわる）。

・例え話や比喩《ひゆ》的表現、反語、言い回しなどが理解できない。洒落《しゃれ》は苦手。
・ダンスやジェスチャーが下手。
・新しい事態や環境になじめない。回避、逃避したがる。
・相手の気持ちを表情や言動から察することができない。
・スポーツ、とくに団体競技は苦手でうまく動けない。

その他

子どもの中には勉強熱心で、教科学習において高い評価を得る子どもも少なくありません。算数計算、漢字書き取り、図画工作、音楽、社会、理科など個人差がありながらもがんばる子が出現しますが、反面、友達関係や共同作業、委員会活動などにおいては、場にそぐわないチグハグな自己主張が強すぎてトラブルになったり、逆に自分の意見をうまく言えないために必要以上に消極的になったりすることが少なくありません。

ともすると、HFPDD児の見せる言動が、性格や人格、あるいは個性の一部として受け取られがちでありながらも、結果的には異質なものとして放っておかれる状況が少なくないのです。事情によっては、学校という環境の中で、徐々に居場所が失われていくことにもつながっていきます。

今後の特別支援教育の、その機能性を拡大させていくべき方向性が見え隠れしていると思います。

注意欠如（欠陥）・多動性障がい（ADHD）

■保育・教育現場の「気になる子どもたち」

一般的な保育・教育現場では、定型発達集団と障がい範囲の子どもたちが同居しています。この2つのグループが重なり合う部分に、いわゆる「気になる子どもたち」が、グレーゾーンなどという表現を伴いながら生活しています。

その「気になる子」の中でもひときわ目立つ状態像として多動性があります。例えば、際立って落ち着きがなく、集団の中で情緒や行動が不安定になりやすく、しばしばトラブルを招いて収拾困難な事態になりやすいといった多動問題が、保育園、幼稚園、小学校、学童保育などあちこちで起きてくるのです。

現場で向き合う担任先生からの相談にその状況が垣間見えます。以下、幾つか紹介しましょう。

Sちゃん（男児）２歳２か月

稔やかに遊べず次々と遊びを変える。待つこと、じっと座ることができず、衝動的に動き回る。着替え、食事など一つひとつがせかせかしている。注意散漫で手元を見ておらず、視線はいつも周りに向けられている。じっと座って話を聞くことができない。集団生活の中で他児と一緒に座って順番を待てるようになるためには、どのようなことをしていけばよいのか悩んでいる。

C君（男児）6歳

友達と遊ぶことが大好きだが、そのかかわり方がとても乱暴である。周りの子に対してすぐに手が出る。他児も口調がきつくなってきているため、興奮して余計に乱暴な行動や口調になってしまう。ふざけている子がいると一緒になってふざけ続ける。戦いごっこではキックやパンチをしながら笑っている。力加減ができないので危ない。注意をすると暴言（「バカヤロウ」など）を吐く。母親は、「何度言ってもすぐ忘れる」と言っている。

D君（男児）9歳

算数、国語、社会、理科の授業時は、ほとんど関心を持たず、集中できず、友達を自分の席に呼びつけたり、友達と教室を飛び出してしまったりする。注意しても聞く耳を持たず、気に入らないとわめき散らす。勉強が遅れている。

■ADHDへの社会の認識

集団の中で問題行動が目立ってくることから、幼児期から「親の育て方」に責任の矛先が向けられやすく、親は子育てに孤軍奮闘せざるを得なくなります。悩みは尽きません。

それまでの管理教育への批判がささやかれ始めた時期に、一人ひとりの「個性と自由」を尊重するという社会的風潮に取り込まれ、ADHDが脳機能不全に起因する振る舞いや行動であることが理解してもらえず、一部は個性として扱われたりして、ますます「障がいとしての理解」が遅れたことは否定できません。

同様に、ともすると「しつけ問題」に視線が偏り、家庭環境（養育状況）が疑われた一方で、個の人格や性格という扱われ方になりやすかったのです。いつまでも「発達問題」という視点が共有されない経過がありました。

■「多動」に見る育児・保育困難の現実

〈幼児期〉

はいはいの時期も、一人歩きができ始めた時期も、とにかくいっときもじっとしていなかったと、わが子を振り返る親は少なくありません。

実際、保育園などの0歳児クラスの後半あたりから、膝上でも静かにじっとしていられない、と訴える保育士も多く、1歳児クラスに進級するやいなや、本格的に目が離せなくなります。玩具の取り合いなどで他児とのトラブルも増え、集会などにも集中して参加することが難しくなります。興奮しやすく、衝動的・突発的行動も目立ち、危険察知ができず、集団移動や戸外活動での個別的配慮が欠かせない状態となることも少なくありません。

そのつど、危ないこと、いけないことを教えても、言い聞かせが入らず、成長するにつれ、どこでもイタズラが多発するようになります。ケガも多く、あとさきを考えない向こう見ずな行動が収まらない子も多数出現します。

痛い経験をしても、しばらくするとまた繰り返し、親も保育士も教師も気が休まらず、子育ても、保育も、教育も困難を伴うことになっていくのです。

〈学童期〉

就学後は学校生活において、しばしば問題行動を起こすようになって、落ち着かない学校生活になります。親からすれば、不安と心配が入りまじって幼児期以上にストレスを募らせることになってきます。授業に集中できず注意散漫になりやすく、例えば、自分本位なおしゃべり、勝手な行動、立ち歩き、教室からの飛び出し、チョッカイや乱暴などのトラブル、迷惑行為などが目立ってくることは決して珍しくありません。

学習の積み重ねが進まず、勉強が遅れて自信を失っていくこともあります。専科（音楽、図工、技術家庭など）も不得手な傾向があり、拒否的になりやすく、反抗や協調性欠如、劣等感、身勝手な言い分や嘘などが目立ってくることも少なくありません。

■基本的な特徴

①多動性

乳幼児期から極端な落ち着きのなさが目立っており、目の前に並んで置いてあるおもちゃなどにも次から次へと手にしては忙しく転々としてじっくり遊ぶ姿が乏しい、といったことが少なくありません。ひとときも身体をじっとすることができないことから、何かと目立った気になる存在になります。子育ての場面では、母親が、歩き始めたわが子にリード付きベストを着させている例があるほどです。

とにかく動き回るので目が離せない、危ない、集団の場では着席や列に並ぶことができない、おしゃべりやチョッカイ行動も多く、他児とのトラブルにつながりやすいなどの点は、おおむね共通している特徴と言ってもよいでしょう。個人差はありますが、乳児期、初歩期、幼児期、学童期のそれぞれに特徴があります。

②注意散漫・不注意

乳幼児期から物事に注意や気持ちを集中させることの不得意さが目立っています。外界のいろいろなものに気が奪われてしまう、いわゆる集中持続困難・注意散漫です。例えば、きちんと人の話を聞き続けることができないため大事なことを聞き漏らすことも多く、結果的に不利な状況に追い込まれることにもなります。目的に合わせた作業に集中を欠いては何度も失敗を繰り返し、自信をなくしたりすることも日常的に生じます。

不注意なため単純なミスが多くなると、先生や他児から注意されたり叱責を受けたりして、ますます自己評価も下がり、課題に対して逃避的になることは珍しくありません。時として、集団の中で問題行動が増える原因になります。

③衝動性

乳幼児期から突発的行動が多発し、保護者や先生はハラハラ、ドキドキの毎日になります。家の中、外歩き、場面状況を問わず危険察知することなく突然行動するので、周囲は気が休まりません。当然ながら、規律や約束は守ることができないという結果を招くことになります。徐々に周囲からの目線は厳しくなっていきます。

④興奮性

乳幼児期から情緒の安定性は乏しく（情緒不安定）、自分の思いどおりにならない場面やちょっとしたことでカンシャクや憤怒を起こして泣き叫んだり、抵抗したりします。瞬時に興奮度を上げ、キレたように気持ちを爆発させることが少なくありません。年齢によっては乱暴、暴言などを繰り返し、周囲が引いてしまうことが起こります。

一方、おふざけ、おちゃらけも、始まると止まらなくなります。いつまでも笑いながら騒いでいるため、同様に周囲が引いてしまいます。しかし、こういった興奮状態から冷めたように落ち着きを取り戻した状態になると、素直に指示に従ったり、深く反省する姿を見せてくれたりすることも多く認められます。こういった点も、おおむね共通した特徴と言ってもよいかもしれません。

⑤その他の特徴

全員に共通しているわけではありませんが、身体運動には困難性を見せます。協調運動が不得意であり、身体コントロールはうまくできないことが少なくありません。手先は不器用なことが多く、いわゆる巧緻性は、課題となることが報告されています。例えば、幼児期から幼稚園や保育園では、生活場面（衣服の着脱、ボタン・ファスナー操作、フォーク、スプーン、箸など）、製作場面（折り紙、のり、はさみ、描画など）において一つひとつ上達するのに時間がかかる子どもが目立っています。

また、物事に固執性を見せることも少なくありません。とくに、自分のお気に入りのもの、順位の一番、勝負の勝ちなどへのこだわり、固執はよく聞かれるところです。

また、就学後の勉強（教科学習）の問題として、学習困難も課題となっています。大きな原因としては、ＡＤＨＤの特徴が学習促進を妨げているということになりますが、脳機能的にも注意と記憶の特性などが認知処理に影響していると言われています。併存障がいとして学習障がい（ＬＤ）が浮上してきます。

また、幼児期から対人的甘え行動もよく聞かれるところです。身体接触を好み、赤ちゃんのようにベタベタしたがるので、年齢よりも幼く見えることがあります。

また、自分の身体を中心にした周囲との距離感のつかみにくさ、空間認知の弱さ、痛覚の鈍さなどの知覚異常なども報告されています（ADHDの診断基準は資料編P249参照）。

■ADHDの3つの型

DSM－Ⅳ－TRの元版でもあるDSM－Ⅳの説明では、「ほとんどは不注意と多動・衝動性の両方を持つが、いずれかの一つが優位（優勢）な範囲にある場合もある」とあります。今のところ、3型に分類されています。

①不注意（注意欠陥）・多動性混合型
②不注意優位型
③多動・衝動性優位型

診断基準とこの3型を見比べるとわかりやすいと思います。
ADHD範囲の子ども、または青年のほとんどは①の混合型と言われています。

■発生率と性差

DSM－Ⅳによれば、学齢期の子どもで3～5％と見積もられていますが、実際には国や地域によって数字に変動が見られています。最近においては7％という数字も聞こえてきています。

性差は、ＤＳＭ－Ⅳによれば、男女比は４：１から９：１であると説明されており、女子より男子に多いようです。

■ＡＤＨＤの発生要因

ＡＤＨＤの発生要因はさまざまな視点から検討していく必要がありますが、代表的な研究領域としては神経生化学的な報告が目立っています。いわゆる神経伝達系の機能不全です。神経伝達は神経伝達物質が重要な役割を果たしています。神経伝達物質は数十種類あると言われていますが、中でもドーパミン、セロトニン、ノルアドレナリンなどに関する報告が注目されています。

さらに、実行機能＊の不全が証明されています。この他にも、遺伝的要因、神経解剖学的異常、胎生期・周産期・出生後の中枢神経障がい、環境要因などが考えられています（山下裕史朗　２００９）。今後の研究に期待したいところです。

＊プラニング、作業記憶、衝動性・行動抑制、意思決定、抽象的思考など前頭前野の機能のこと。

■薬の利用

薬物としては、直接中枢神経に作用する中枢刺激剤と、神経伝達物質の再取り込みを選択的に阻害する働きを持つ非中枢刺激剤とがあります。いずれも専門医によって処方されます。飲み合わせや副作用には注意したいところです。

〈中枢刺激剤〉

製品名：リタリン（効果持続：3〜5時間程度）

製品名：コンサータ（効果持続：12時間程度）

有効成分は塩酸メチルフェニデートであり、神経伝達物質の活性化を促す興奮剤の一つです。神経伝達物質ドーパミンなどの再取り込みを選択的に阻害する働きを持っています。

効用としては、子どもの行動や社会的関係の改善、学習向上（集中と意欲）など。副作用としては、食欲不振、吐き気、便秘、不眠、頭痛、体重減少などがよく知られていますが、個人差もあります。

〈非中枢刺激剤〉

製品名：ストラテラ（1日1回または1日2回に分けて服用）

有効成分はアトモキセチン塩酸塩であり、神経伝達物質ノルアドレナリンなどの再取り込みを選択的に阻害する働きを持っています。

効用としては、ノルアドレナリンが増加し、集中力や注意力を高め、多動性、衝動性に効果があると言われています。副作用としては、食欲不振、吐き気、頭痛、眠気などが知られています。

最近では、インチュニブ（グアンファシン製剤）やビバンセ（リスデキサンフェタミン製剤）などがある。

■発達障がいの中のＡＤＨＤ

臨床的には、注意欠如（欠陥）・多動性障がい（ＡＤＨＤ）もまた、他の発達障がいと重なり合って存在することが珍しくはありません（図９）。

最近では、子どもの症状や状態から広汎性発達障がいと重複して診断されることも目立ってきています。診断基準には精神遅滞との合併は記載されてはいませんが、臨床的に観察するかぎり、幼い印象を持つことが多く、一部の子どもたちには、いわゆる精神発達上の課題が認められるのです。

知能検査の結果としてもボーダーライン、あるいはそのラインに届かない子どもも少なくありません。

■ＡＤＨＤの併存障がい

注意欠如（欠陥）・多動性障がい（ＡＤＨＤ）には、さまざまな併存障がいが認められています。

情緒障がいは、その代表格といえるでしょう。

ＡＤＨＤは、その症状ゆえに、家庭を含む周囲の対応いかん

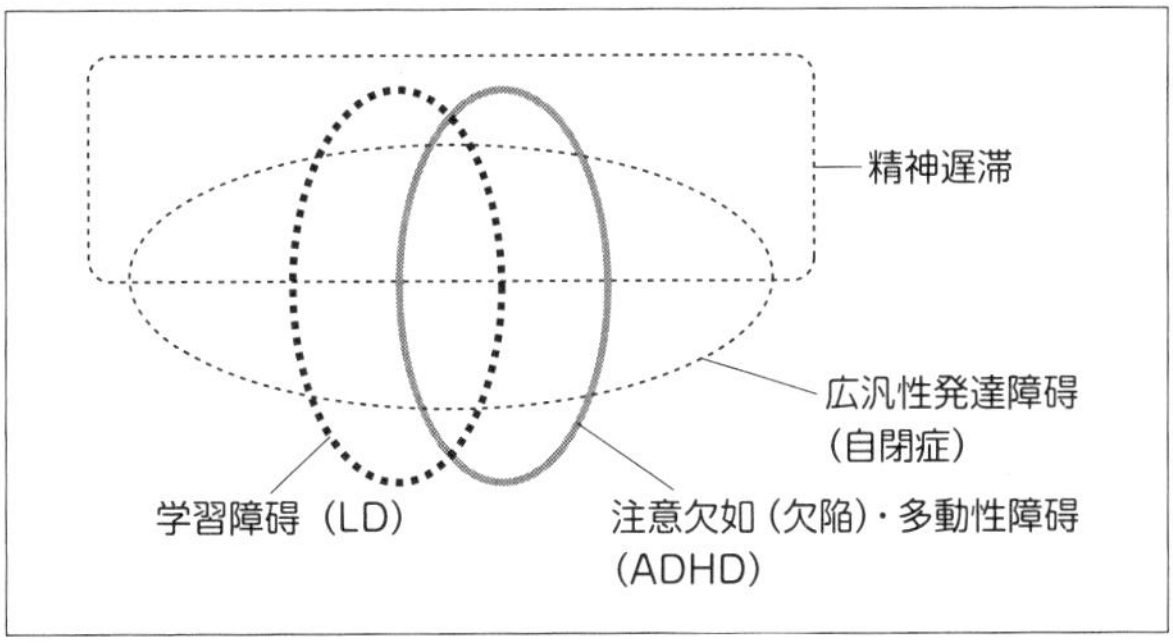

図９　発達障がい全体とＡＤＨＤの関係イメージ

で情緒的な問題（情緒障がい）が増幅的に繰り返されていくことが起こりやすくなります。

子どものことを考え、何とかしなければという思いが、子どもへの対応に微妙に影響し、かえって子どもを追い詰めていくのです。子ども自身が抱える障がい（感情や行動のコントロール困難）が周囲との関係しだいで、さらに不適応状態をエスカレートさせていくリスクを指摘されています。

ＡＤＨＤ症状が周囲との軋轢《あつれき》を生じさせ、子どもに自己否定的な体験の繰り返しを余儀なくさせることがあります。物事や対人関係などがうまくいかず自信が低下していくのです。やがて、それが自己評価の低下やなげやりな自暴自棄的行動を誘発して反社会的行動などにつながりやすい状態になり、さらに自信や自尊心を低下させる状況が繰り返され、いつしかスパイラルのようになっていくのです。

他にも神経性習癖、不安障がい、気分障がい、強迫性障がいなどの情緒不安定状態が見られることも少なくありません。次のようにまとめてみました。

〈神経性習癖（Habit）〉

習癖とは、いわゆる「癖」のことですが、本人にも自制やコントロールがきかなくなると問題となります。神経性習癖の定義は微妙であり明確にされていないのですが、何らかの心理的な要因が介在している「習慣的な身体への刺激行動」と言ってよいでしょう。

何らかのフラストレーションによって生じる心理的緊張や不安が行動のレベルに反映された結果

としての癖と考えられており、背景には身体的、器質的、病理的な問題もあると推測されています。代表的な例としては、不眠、夜驚、吃音、緘黙、拒食、偏食、過食、異食、指なめ、爪噛み、自慰、チックなどがあります。

・不安障がい (Anxiety Disorders)

少なくとも、6か月（あるいはそれ以上）続いている不安、心配を中心にした精神状態を指します。言い換えれば、心の不安定状態であり、不安、恐怖、パニックなどが身近な例として知られています。

・気分障がい (Mood Disorders)

その代表は、うつ的状態です。意欲が乏しく、活動への興味や関心が薄れ、抑うつ的になる状態です。イライラした気分にもなります。思考力や集中力が減退し、物事の決断が困難になり、気力も衰え、疲れやすくもなります。

・強迫性障がい (Obsessive-Compulsive Disorders)

ある思考や行為に強迫的に縛られながら、自分でもその不合理に気づいている状態です。多くの精神疾患でも認められている状態です。例えば、手を洗う、順番に並べる、必ず確認する、祈る、数える、呪文を唱えるなど、「わかっていながらやめられない」状態を言います。

・学習障がい（ＬＤ）との関連性

就学後は、その特徴にある多動性、注意集中・持続困難性、不器用、情緒不安定などから、教科学習が遅れがちになる子どもたちが目立っており、学校という現場にいるかぎり学習困難は継続的な問題になっています。

ＬＤの子どもたちの40％は、注意欠如（欠陥）障がい症状を示すという報告もあります。ＬＤとＡＤＤの両者を併せ持つ子どもたちが、就学後は不利な立場になりやすいと言えるでしょう。

■ＡＤＨＤに近接する障がい

ＡＤＨＤの最近接領域として、症状の昂進型として問題とされている、二つの障がい範囲です。すべてのＡＤＨＤの人に該当するわけではありませんが、その特徴が外界に向けて認められるものです。

・反抗挑戦性障がい（ODD：Oppositional Defiant Disorder）

通常8歳以前に顕在化し、例えば、カンシャク、口げんか、イライラやキレやすさ、執念深さなどが目立って、反抗的、挑発的な振る舞いが特徴です。素行（行為）障がいに発展する先行因子であると言われています。ＤＢＤマーチと呼ばれています。

子どもの2～16％に認められると言われています。

診断基準をご覧ください（資料編Ｐ２４８参照）。

・素行（行為）障がい（CD：Conduct Disorder）

発生は5～6歳で見られることもありますが、通常は、小児期後期または青年期早期です。

人や動物に対する攻撃性、所有物の破壊、嘘をつくことや窃盗、重大な規則違反などが目立っています。

発生率は、18歳以上の男性で6～16％、女性では2～9％に見られると言われています。

診断基準をご覧ください（資料編P２４７参照）。

■ADHDの共存症

ＡＤＨＤの子どもたちに目立つレストレス・レッグス症候群（下肢むずむず症）による睡眠障がい、日中の不注意や落ち着きのなさなどの症状との関連、アルコールや物質使用障がいとの重なりや不安、抑うつ症、気分障がいなどとの関連が注目されています。

さらに、ＡＤＨＤの10％に自殺未遂が報告されているということも看過できないことです（田中康雄　２００６）。精神科医療からの研究報告の重要性が示唆されています。

■「外側へ向かう状態」と「内側へ向かう状態」

ＡＤＨＤの症状には、二つの状態像が指摘されています。

一つは攻撃性や衝動性が外界に向けて表出される傾向です。ＡＤＨＤ［注意欠如（欠陥）・多動性障がい］→ＯＤＤ［反抗挑戦性障がい］→ＣＤ［素行（行為）障がい］への展開は顕著な事実であり、その一部に反社会性人格障がいへと展開するケースがあることも報告されています。「破壊的行動障がいマーチ（ＤＢＤマーチ＝Disruptive Behavior Disorders March）」と呼ばれています。

二つ目は、攻撃性が内側へ（自己を傷つける方向へと）向けて表出される傾向、あるいは葛藤が内なる心的苦痛として体験される方向に深刻化していく問題です。自己評価や自尊心の低下が「自分は悪者で無能な存在である」といった気持ちを増加させ、不安障がいや気分障がい、周囲の期待に添わず動かないで反抗する受動的・攻撃的な反抗を生じさせる状態です（渡部京太、斎藤万比古　２００６）。

■虐待と多動性

ＡＤＨＤ児を育てる親に対する社会的支援の少なさが、ＡＤＨＤ児を虐待のハイリスク群にさせていると言われていますが、一方、もともとＡＤＨＤを持たない子どもにも、虐待を受けた後に多動が出現することが知られています。心的外傷後ストレス障害（ＰＴＳＤ）を発症していた被虐待児において、とくに顕著です。ＰＴＳＤの過覚醒によるものと考えられています。過覚醒とは、周囲の些細《ささい》な刺激に過敏に反応してしまう状態です。

■ＡＤＨＤと自閉症スペクトラム障がい（ＡＳＤ）の関係

この両者の診断基準を見比べたとき、その症状には明らかな違いがあります。共通してはいません。しかしながら、私たちが日常的に経験する両者の臨床的な印象と状態に対して、明確な違いや判断を口にすることが難しい子どもに出会うことがしばしば生じます。例えば、診断名欄に「ADHD」と「ASD」が並んで記入されていることが珍しくなくなってきています。

あくまでも、この両者を行動症候群として眺めた場合において、診断名が重なることは理解できなくありませんが、逆に、おのおのの典型タイプを比較した場合、基本的にまったく違う状態・反応像を持つことをどう説明すればよいのか、戸惑ってしまいます。

例えば、多動性や注意不全、易衝動性、易興奮性、感情統制困難などは共通していながら、対人反応、情緒的な共有、「心の理論の発達」の経年変化などが顕著に違っていることなどです。

学習障がい(LD)⇕特異的学習障がい(SLD)

■学習障がい(LD：Learning Disorders)とは

DSM-Ⅳ-TRでは、学習障がいは、読字、算数、または書字表出において、個別施行されたその人の標準的検査成績が、年齢、就学、知的水準から期待されるより十分に低い場合に診断されるものであり、成人期まで持続することがあるとしています。

また、学習障がいは、学業成績の正常異変、および機会の欠如、下手な教育方法、または文化的要因による学業困難から鑑別されなければならないと補足されています。

発生率は2〜10％と見積もられています。

米国においては、就学後の子どもの5％が有すると同定されています。

・**読字障がい**（Reading Disorder）

読みの到達度（読字の正確さ、速度、理解力）が、その人の生活年齢、測定された知能、および年齢相応の教育の程度に応じて期待される水準よりも十分に低いことが判断基準になります。

・**書字表出障がい**（Disorder of Written Expression）

書字能力が、その人の生活年齢、測定された知能、年齢相応の教育の程度に応じて期待される水準よりも十分に低いことが判断基準になります。発達性協調運動障がいも考慮されます。

・**算数障がい**（Mathematics Disorder）

算数能力が、その人の生活年齢、測定された知能、年齢相応の教育の程度に応じて期待される水準よりも十分に低いことが判断基準になります。

■学習障がいの周辺に見られる障がい

とくに、言語と運動の2領域に見られます。

〈コミュニケーション障がい（Communication Disorder）〉

会話と言語に見られる障がい（Language and Speech Disorder）で、いわゆる言語障がいと呼ばれる範囲です。

・**音韻障がい（発達性構音障がい）**（Phonological Disorder）

発達的に期待される会話音声を、その人の年齢とその地域の言葉に適切な程度に用いることができない状態です。

音の歪み、省略、置き換えなどがあります。例えば、一つの音を別の音で代用する（か行、さ行、た行において、「せんせい」→「てんてい」など）、音の順序の誤り（「さかな」→「さなか」など）が見られます。

学齢期の子どもの2～3％に認められていると言われています。

・**表出性言語障がい**（Expressive Language Disorder）

検査の結果において、表出性言語の得点が、非言語的知的能力および受容的言語発達の両方の発達の得点に比して明らかに低く、言語でも身ぶりでもコミュニケーションに障がいが生じる状態です。単語を思い出すことや発達的に適切な長さと複雑さを持つ文章を作ることの困難さを伴います。

学齢期の子どもの3～5％に認められていると言われています。

・**受容‐表出混合性言語障がい**（Mixed Receptive-Expressive Language Disorder）

検査の結果において、受容性および表出性言語の得点がともに、非言語的知的能力の発達の得点に比して明らかに低く、言語でも身ぶりでも意思伝達に障がいが生じる状態です。
学齢期の子どもの3％に認められていると言われています。

〈**運動能力障がい**（motor skills disorder）〉

協調運動発達の著明な遅れ＝発達性協調運動障がい（Developmental Coordination Disorder）です。いわば身体のコントロールや調整が不得手で、粗大運動の困難から手先の巧緻性まで顕著な不器用さなどとして見られます。

5〜11歳の子どもに6％発生すると見積もられています。

■学習障がいと就学後の問題

一般的に、学習障がいは「読み・書き・計算の困難＊」という呼ばれ方やイメージで象徴されていますが、その表現が示すとおり、就学後に障がいが明確になってくることが少なくありません。学校の勉強がスタートしてから、教科ごとの得手・不得手が目立ちはじめ、時間をかけて指導してもなかなか理解が進まない状態を余儀なくされます。

例えば、文字をスムーズに読めない、読めてもうまく書けない、読めても内容が理解できない、書字がバランスよく書けない（曲がる、文字の大きさがバラバラになるなど）、逆さ文字、鏡文字、文字を覚えられない、その他です。算数では高学年になっても低学年の内容をクリアできない（繰り上がり・下がりの計算ができないなど）でいることもあります。

個人差はありますが、それぞれ教科学習や学校生活の進展状況に極端な凹凸状態を見せることが多く、子どもも大人も困ることになります。

子ども自身もはじめは努力するのですが、進んでいく授業のスピードについていけず、わからないことだらけになり、やがて意欲が減衰し、学習への抵抗や拒否、逃避につながっていくことが珍しくありません。学習の積み重ねがうまくいかず、中には、怠学や登校しぶり、不登校などに陥ることもあるのです。教師や保護者の悩みも、子どもの年齢に伴って大きくなっていきます。

発達障がいの一つである学習障がいは、中枢神経系の何らかの原因に基づく機能障がいに起因するであろうことは、専門的な領域において周知されてきていますが、実際には、そこにある「脳機能障がい」のメカニズムを実証し理解することはたやすくありません。なぜなら学習障がいの症状には（単に勉強という狭義の学習困難だけではなく）、さまざまな知覚的、認知的な問題が見え隠れしているのです。それだけに現時点においても、原因と思われる「脳機能障がいが推定される」という推測域を超えてはいないのです。

＊ディスレク（キ）シア（Dyslexia）問題として研究が進んでいます。

第Ⅳ章

家庭での取り組み

大切にしたい3つの「つくり」

⑴生活づくり

①身辺処理と生活リズムを大切に！

より幼いうちから、日常生活における排泄、食事、睡眠などの習慣を心がけて子どもに教えていくことがポイントとなります。障がいの度合いにもよりますが、毎日同じ方法（手続き）で家庭での子育てを実践していくことが重要です。家族みんなで同じ対応（同じ声かけ、同じ誘導）を持つことから始めることが望まれます。いつも同じように、つまり一貫性が求められます。

②スモールステップで進める

一つの作業を幾つかの段階に分けて、「やさしい作業から難しい作業へ」と教えていくことがポイントとなります。例えば、

「パンツを自分ではく！」の指導方法

①「パンツはくよ」の声かけをして、大人がパンツを持って見させます。

②大人が各S（ステップ）の部分まで援助してはかせます。

③最初は子どもの手を取り、ゴムの部分を持たせます。
④「上げて」の声かけをします。
⑤できたらきちんとほめます。

この工程を以下の部位から順次進めて、繰り返し一貫して教えていきます。つまりやさしい作業から難しい作業へと教えていくことになります。

各ステップは、

Ⓢ1腰骨から → Ⓢ2膝上から → Ⓢ3膝下から → Ⓢ4くるぶしから → Ⓢ5つま先にかける → Ⓢ6両足の前に置かれたパンツを自分ではく

うまくできたら毎回たくさんほめます。

③一貫性

あれこれとその日によって違った手順にならないように、毎日同じ方法で繰り返し、上手にほめていくことがポイントとなります。

④問題行動への対処

子どもはさまざまな問題行動を見せます。

あらためて「問題行動対応のへの対応」にて取り上げたいと思います。

⑵家庭環境づくり

子どもの状態を理解した対応（かかわり）を家族が足並みをそろえて、夫婦、祖父母、兄弟姉妹まで、できる範囲でみな同じように対応していくことが望まれます。

そのためには、障がいの特性や傾向などを理解していくことを基本的な目標に掲げて、そのための指導方法を学んでいくことが大切です。周囲が安定してくれば子どもにしても学びやすさが準備されることになるのです。

⑶かかわりづくり

①感覚発達を育む

子どもの成長・発達には、感覚機能（感覚統合性）の促進が効果を生むことになります。触覚、味覚、視覚、聴覚、嗅覚、前庭覚（空間の中で、自分の身体の動きや傾きなどを知る感覚）を含め、子どもの感覚を刺激していくかかわりや遊びを大切にしていきましょう。

見る（視《み》る）、聞く、触る、遊具に乗るなどの運動全般、対人遊び、設定指導など、さまざまな工夫が望まれます。例えば、スキンシップ遊び、くすぐり遊び、身体グルグル回しなどは子どもも好きであり、楽しめるかかわりのレパートリーとなります。

感覚発達を促すことの重要性は、感覚統合理論からも説明されています。この感覚統合理論は、アメリカの作業療法士エアーズ博士（Ayres, A.Jean, 1972）によってまとめられた理論（仮説）です。

簡単に言えば、子どもの脳のメカニズムを発達させるためには、よく計画され、コントロールされた感覚入力を与えることがポイントとなります。外界からの刺激がきちんと入っていくようになれば発達は促進されるでしょう。そのための方法として、よりスムーズに刺激を感じ取っていくことを、身体運動とリンクさせながら経験させていこうとするものです。

②コミュニケーションを育む言語理解

発達障がいを抱える子どもの中には、いつまでも言葉が聞かれず、獲得されないままに年齢を重ねていく、いわゆる無発語の子どももも少なくありません。

簡単な言葉の意味する内容を理解して動けるようになることが望まれます（指示理解）。しかし、言語発達に生まれながらの遅延や困難を持つ発達障がいの子どもの場合、生活を通して言語指示理解が容易に進展していかないことが生じやすいのです。

まず、指示理解促進のためには、大人側の言葉指示を定型的にしていく配慮が求められます。子どもからすれば、いつも同じ音の並びとしてとらえられることが必要な条件となります。

毎日を考えれば、（1～）2語文といった、生活に密着した言葉フレーズをそろえていくことが必要となります。例えば、「おそと行くよ（行こう）」「手洗うよ（洗おう）」「ご飯食べるよ（食べよう）」「お靴はくよ（はこう）」「オシッコするよ（しよう）」といった具合です。

ポイントは、「名詞」+「動詞」という2語文からスタートすることです。

さらに、自分の身体部位の名称を知っていくことも大切なことです。これらを教えていくことが重要です。例えば、手づかみ食いする子どもに対して、「おててはダメよ！」と言っても、「て（手）」という身体部位名がわからなければ、何度言い聞かせても毎回同じことを繰り返すのみでしょう。それどころか「ダメ」という言葉に抵抗を見せるようになり、イライラしてカンシャク、泣き叫びや憤怒につながりやすくなってしまうこともあり得ます。

手始めに手、足、お腹、おしり、頭、首、目、耳、鼻、口などからスタートして、髪の毛、まつ毛、歯、舌、指、爪、肩、のど、ひじ、ひざ、かかと、つま先といったように細部へと進めていきましょう。ここでも毎回楽しく工夫しながら、ほめながら続けていってください。

・要求行動と指さし行動

基本的には「要求行動」や「指さし」を模倣・獲得していくことが望まれます。

例えば、言葉が認められない子どもに、「わたしにください（ちょーだい、貸して）」を意味する両手重ね動作（ジェスチャー）を教えて、相手に示せるようになることは重要です。欲しいものや行きたい方向を指さして気持ちを相手に示すことも必要になってきます。

ともすると、おもちゃの取り合いなどで他児とのトラブルに発展しやすい子どもは少なくありません。相手にきちんと行動で要求意思を示せるようになることは、他者との関係を広げていくための重要なきっかけとなるのです。

③見通しを育む

・視覚的手がかりの利用

一部の子どもたちは、言葉よりもそのものを見て理解していくことが得意です。例えば、実物や写真、絵などを見て行動できるようになったりします。靴の絵や写真を見せながら、あるいは靴や玄関を指さして「おそと行くよ」と言ったほうが子どもにはわかりやすいのです。生活の中で、行動の流れや一日の予定を理解していくことにつながっていきます。

また、家族全員の写真を家の中に貼って、指さししながら「パパ」「ママ」「お兄ちゃん」「お姉ちゃん」「おばあちゃん」「おじいちゃん」などと繰り返し教えていくと、家族理解もわかりやすくなります。

・聴覚的手がかりの利用

耳で聞いて物事を判別する能力の高い子どももたくさんいます。音楽や歌に親しみながら、身体模倣のダンスや手遊びを覚えて楽しむようになったりします。テレビや駅で聞かれる特定のアナウンスなどを覚えたり再現したりするようになる子どももいるほどです。

上手に音や音楽を利用することで、場面や状況の理解も広がっていきます。

・聴覚過敏性と耳ふさぎ

しかし、中には聴覚過敏性を見せる子どもも決して少なくなく、赤ちゃんの泣き声、集団の騒がしさ、突然の音、道路工事の音、ヘリコプターや飛行機の音、避難訓練時のブザーやサイレン音、合奏の楽器音、ホールや体育館などで響き渡る音などに両手で耳をふさいだり、その場から逃げ出そうとしたり、パニックになって大声や奇声を発したりすることがしばしば見受けられます。とくに広汎性発達障がい（ＰＤＤ）範囲に目立っています。

④「気持ち（意欲）」を育む

・快と不快

人間は誰しも感覚的な快・不快を感じながら生きています。この快・不快が物事を学び取るための意欲形成に大きな役割を担っていることは確かです。

誤解を恐れずに言及すれば、この快・不快を「かかわり」として、障がいを抱える子ども一人ひとりに上手に提供することができれば、子どもの物事の学びの速度は変化する可能性があると言えます。とくに、言語発達やコミュニケーションなど、相手とのやりとりに発達的な課題を持つ子どもの生活指導（家庭で子育て、保育、教育、療育など）においては、欠くことのできない強力な味方となります。

幼児期や学童期の身近な具体例を挙げれば、「ほめる」「抱きしめる」「評価する」「ごほうびをあげる」「約束を実現する」などです。決して難しく考える必要はありません。工夫しながら続けていくことが大切です。

■行動を教え、増やす方法とは

一般的な子育て本のみならず障がいを持つ子どもの支援教育・保育関連本などでも、子どもをほめることを当たり前に謳《うた》っています。あまりにも目にするために、中にはほめることにやや疲れを感じている保護者や先生が出現するほどです。しかし、これには確かな根拠があるのです。

人間の行動獲得の工程を説明する行動論的アプローチ（P121参照）は、「行動に先行・後続する刺激（あるいは事態）がその行動の発生率に影響を与える」という原理に支えられています。代表的な実践方法として、行動療法や応用行動分析（P127参照）などが知られています。

例えば、「あいさつ行動がうまくできたのでしっかりほめたら、その後さらに積極的にあいさつするようになった」という事実において、「ほめた」ことが「あいさつ行動」を増やしたということになります。つまり、行動に後続する刺激（ほめたこと）が、あいさつ行動の発生率に影響したのです。

■語りかけと感情の共有

発達障がいを抱える子どもたちは、この感情の把握が自他ともにうまくいかないことがしばしば見受けられます。相手の気持ちも、自分の気持ちもうまくつかめずにいるのです。

より幼いうちから、語りかけと感情の共有が重要な経験となります。

子どもにとって、他者と一緒に物事を心地よく経験していくことはとても重要であり、発達も促進されます。例えば、幼児期早期から親子で同じ事物を見たり、聞いたり、触ったり、匂いを嗅いだりすることは、言い換えれば、五感を通して同じ経験を共有することになります。そのときに互いに交わされる語りかけの言葉、表情、視線、スキンシップなど体感されるすべてのものが子どもの感情（気持ち）を刺激するのです。この感情交流経験の積み重ねが、やがて相手の気持ちを理解していく上でとても重要な働きをするのです。

■感情の交流

発達障がい全体に通底していると言っても過言ではない事実に、感情的交流の困難や稚拙さが取り上げられることが少なくありません。あらためて、幼児期からさまざまな体験を通して、子どもの感情を刺激し交換していくことの重要性は、子どもの成長・発達にとって欠かせない条件であることは言うまでもないことです。

■気持ちと表情変化

発達障がいを抱える子ども一人ひとりも例外なく、その気持ちが表情に表れます。子どもの表情を、そしてその変化をしっかりと受け止めながらかかわっていくことが大切です。

兄弟姉妹…同じ家族として

■父と母だけでなく

障がいと向き合って生きていくとき、家族はさまざまな局面に遭遇します。父と母だけが悩みや迷いを抱えるわけではないのです。同じ家族として、幼いときから障がいの現実を、その体と心で見て触れて感じてきた兄弟姉妹の立場があります。

同じ屋根の下で、生活をともにする兄弟姉妹だからこそ抱える悩みや不安、夢、希望そして葛藤があります。親をはじめ周囲の人たちがそれらを無視することなく、一個の人間として理解しながら支援し、寄り添っていくことが求められます。

発達障がい問題とその兄弟姉妹の子育てに視点を当てて言及している研究報告や出版物は、個別的、特例的な問題に対しての取り上げ記事、報告はあるにしても、我々が思っている以上に多くはないと思われます。個人情報の問題もあり、限られています。

『自閉症児のきょうだいのために～お母さんへのアドバイス』(Harris, Sandra L.: ナカニシヤ出版 2003)の訳者・遠矢浩一氏は、「自閉症という障害を抱えているこどもたちと最も多くの時間を過ごし、彼らの発達に最も大きな貢献をしておられるのは、専門家でも先生でも、お医者さんでも誰でもありません。ご家族です。なのに、自閉症児のお母さん、お父さんの『心の健康』や、きょうだいの『不安』や『悲しみ』について扱ってきた本がどれだけあったでしょうか」と、そのまえがきにて触れています。とても大切なことです。

■兄弟姉妹の抱える悩み

①親への欲求

幼いときから、自分よりも障がいを持つ兄弟姉妹のほうへ注がれがちな親の目線を感じながら育っています。かかわりへの欲求、甘えたいがゆえに、満たされない思いを抱えていることが少なくありません。親の大変な姿や苦労を見ながら育つため、気遣って親の手を煩わせない、いわゆる「がんばり屋なよい子」に育つこともあれば、一部には、成長に伴って徐々に難しくなり、やがて反抗的に親に逆らうようになることもあります。

親としても、通常に育ってくれる兄弟姉妹の成長に対しては、より大きな期待をかけてしまいがちになり、細かく神経を使って、少しでも高い目標を掲げて、ついつい厳しくなってしまうことがあります。子どもへの影響は少なくありません。また、まれには、自分の欲求を過度に抑えて育った結果、青年期以降に対人関係困難を招くこともあります。

ハリス氏は前掲書の中で、「事態を悪化させるのは、子どもたちは、両親を困らせたくないし、怒りや嫉妬や憤りといった自分自身の感情を恥ずかしく思っているので、質問をしたり問題を起こしたりするのを恐れていることです。このような状況で育った子どもたちは、感情を隠し、自分自身の感情を否定して、その結果、感情と行動の不一致を示すようになるのです。そのような不適切行動は、彼らがおとなになった時に、人との親密性という能力に影響を及ぼしうるし、他の人々との関係にバリアを作ることもあります」と指摘しています。

②過剰な同一視

年齢が幼いうちは、障がいを持つ兄弟姉妹と一緒に育っていく中で、自分を重ね合わせてとらえるため、自分も同じようになるのか、あるいは、なるかもしれない、という同一視を抱えて悩むことがあります。

③恥ずかしさと世間体

周囲の子どもとは違う行動や振る舞い、コミュニケーションに特異な反応などを見せる兄弟姉妹に対して、気にする親を見ながら、やがて自分も恥ずかしい思いや世間体を気にするようになり、どうすればよいのかわからず悩むことがあります。

④罪悪感

障がいを抱えているため、物事がうまくできない兄弟姉妹よりも、能力的にも勝る自分に罪悪感を持ってしまい、悩むことがあります。

⑤先々への不安

自分の将来はどうなってしまうのか、障がいを抱える兄弟姉妹の世話や面倒を見なければいけないのか、自分の思うように生きていけるのか、自分の未来が見えずに悩むことがあります。

⑥孤立（情報の欠如）

障がいを抱える兄弟姉妹のことを友達から尋ねられても、うまく答えることができず、何もわからず説明もできない経験を持ちます。また、家庭では、障がいの話が敬遠され話しにくい状況が続き、親からの関心も注がれず、いつしか孤独感を余儀なくされることも生じます。

⑦不満（完璧への抵抗、憤りなど）

親が期待する「よい子」や完璧さへの抵抗を持つようになることもあります。なぜ自分だけがそのようにしなくてはいけないのか、やがて反抗的な気持ちが増大して、納得のいかない思いを募らせることになります。やり場のない憤りや不満などにつながりやすい原因になります。

■気遣ってあげたいこと

人生の初期において、障がいを持つ自分の兄弟姉妹への否定的な気持ち（例えば、不満、嫌悪感など）を言い出したとき、頭ごなしに叱責したりすることは必ずしも正しい方法とは言えません。場合によっては、その口をふさがないことも必要なのです。大人の言う正論の圧力は時に強いストレスを与えることがあります。

また定型発達の兄弟姉妹の思春期には、本人の外での活動（友人関係づくりなど）の機会が必要以上に制限されないようにすることも必要です。

兄弟姉妹は、幼い頃からさまざまな思いを、気持ちの中に否定的に閉じ込めていることが少なくありません。「何でも話し合える、話してもいいんだ」と思える環境を通して成長するのです。

第Ⅴ章

保育現場での取り組み

■統合保育

国内における統合保育の歴史は、１９７２年当時の厚生省通達「心身障害児通園事業実施要綱」に由来します。制度化されたのは１９７４年です。

現在、国内を概観して、障がい幼児の保育機関として二つの形態があることは周知のところです。一つは障がい幼児だけを専門的に指導する通園型施設（専門療育機関）であり、もう一つはノーマライゼーションの浸透に相まって、とくに１９７２年厚生省通達「障害児保育事業実施要綱」以来、多くの幼稚園や保育園で実施されるようになった、いわゆる統合保育という形態です。

統合保育とは、障がいを持つ子どもと障がいを持たない子どもを一緒に保育するシステムです。

■「障がい児保育」から「発達支援保育」へ

障がい児保育を推し進めてきたこれまでの経緯の中で、それまで伝統的に使われてきた「障害認定児」という表現・表記に対して、何らかの抵抗を感じながらの作業を継続していた関係者は決して少なくなかったと思われます。とくに保護者（養育者）の気持ちからすれば、子どもがいきなりこの表現・表記の対象とされることには、しばしば逡巡《しゅんじゅん》や不安を余儀なくされたことは否めません。

国内（とくに東京都内）において、「発達支援対象児」という表現が使用されて10年近く経過しましたが、従来の「統合保育」の空気がゆるやかながら確実に変化し始めています。障がい児＊を中心に据えながら、その周辺の「気になる子」も含めて子どもの問題を「発達支援」という枠でとらえ始めるようになってきています。つまり、発達支援保育へと成長しているのです。

幼児期だからこそ見えにくく、障がいという従来の概念枠では、判断困難な状態を示す子どもたちへの支援の手を広げていくことは、同時に発達支援保育の目指すところでもあります。

＊以下、発達支援対象児、支援対象児、発達支援児、支援児とします。

■統合保育を援助するさまざまなシステム

ここでは東京都を例に話を進めることにします。

〈巡回相談〉

保育現場では日常的な保育上の課題や問題が噴出していますが、その保育現場を支えるシステムとして各地で取り入れられている対応策の一つに、巡回相談があります。

例を挙げれば、東京都A区の場合、定期的（年2〜3回）な巡回指導や心理判定業務＊と、保育現場からの直接の依頼に基づく「発達相談」の二つのシステムが柱となっています。

いずれも、専門のスタッフが現場の先生たちの話をうかがいながら保育上のアドバイスや助言を提供していく業務（コンサルテーション）ですが、この巡回指導や発達相談に寄せられる期待はかなり大きく、現場の一喜一憂の反応に細かく反映されます。必然的に巡回専門スタッフの責任は重くなります。

＊対象となる子どもへの行動観察と発達検査などを実施して、保育上の支援と配慮の必要性を判断する作業。

〈私立幼稚園への補助システム〉

東京都内の私立幼稚園の場合は、園側から東京都への申請によって、支援対象児に対して一定額の補助金が園側に支給されます。子どもが療育手帳を持っている場合は、比較的スムーズに配慮されます。しかし、入園後の職員の気づきに基づく場合、医師による診断または公的機関における専門職（心理士、言語聴覚士）の判定という手続きをもって、年度ごとに申請することになります。

補助金は、その年度、一人の支援対象児に先生（有資格者のアルバイトないしパート）を一人加配する、あるいは特別な教育費などの予算を得る、その他、有効に使われるのです。

しかし、この補助金申請は積極的には利用されていない現状があります。理由として、医学的あるいは発達心理的な所見を準備する作業に加えて、申請書類（親の同意書を含む）の一部に、「障害」に関連する項目などが明記されているものがあり、対象となる子どもの親の同意を得るためには、その親にとっても、また園側としてもかなりの戸惑いや抵抗、ためらいといった心情に襲われることになるからです。

つまり付随する条件や作業などがハードルになっていることが考えられるのです。そしてさらに、この制度を継続利用するためには、同じ作業を毎年繰り返さなければならないのです。親と園のこうむる精神的負担は軽くはありません。

〈保育園への補助システム〉

私立保育園の場合、基本的には幼稚園と似た形式ですが、園からの申請先が都ではなく区、市、町となる点が違います。基本的に受け入れる子どもの人数制限はありませんが、園への補助には制限があります。療育手帳を持っていれば手続きがスムーズであることは共通しており、親との話し合いと同意を得ることができれば、あとは心理判定だけの作業となります。

認定後は、定期的な巡回相談・指導のサポートが約束されます。

次に、公立保育園について、見ていきましょう。

A区を例にすれば、子どもに配慮される援助が、人的配置（保育士の加配）となっている点が特徴です。

申請に先んじて課題となることは、やはり親との話し合いと同意を得ることです。保護者の了解が得られれば、あとは医療健診と心理判定だけの作業となります。認定後は定期的な巡回相談・指導のサポートが約束されます。

■発達支援保育・援助システムの課題

子どもの状態（障がい）がある程度はっきりとしていて、すでに保護者側も問題意識を持っている場合は比較的スムーズに話し合いは進展しますが、そうではない場合において、しばしば園と保護者との間にトラブルや誤解が生じやすく、その後の人間関係に影響を残すというリスクがあります。

前項でも触れましたが、幼稚園にしても保育園にしても、入園時や在園途中での「気づき」から発達問題に発展していくことが少なくない現状にあって、保護者の立場からすれば突然の出来事ということになり、衝撃、戸惑い、疑問、抵抗といった葛藤を余儀なくされるのです。言い換えれば、親側は突然、「問題」を突きつけられる事態に直面することになります。

もう一つは、支援対象児として認定されるかどうかという専門的な基準や作業が横たわっているため、園側もいろいろと慎重にならざるを得ません。そのため、支援対象児以外の「気になる」「保育が難しい」「他児とどこか違う」といった範囲の子どもたちが、配慮されるべき目線からこぼれやすくなる、という落とし穴があります。

前者に関しては、関係者の説明する際の使用する表現など、あるいはまた対象となる子どもに必要な書類上の表記などを検討するところから始めていく必要があるでしょう。また、後者に関しては、発達支援システムの機能性＊を広げていくことを検討する必要があると思います。

もう一つ話題にしなければならない問題として、全国的には認可保育所、東京都の場合は認証保育所のそれぞれの発達支援保育システムの整備を今後考えていかなければならないと思います。さらに言えば、保育ママ、未認可保育所の支援システムもきちんと考えていかなければならない岐路にさしかかっていると思います。

＊例えば、「支援者を支援する事業としての発達相談」や検査などを実施して、保育上の支援と配慮の必要性を判断する作業。

■保育者の抱える不安

障がいがますます多様化している時代ですが、すべての保育者が専門的な知識や情報あるいは指導技術を携えているわけではありません。

発達支援保育においてコミュニケーションや対人関係（集団適応）が困難な子どもたちの前では、保育者が自分自身の非力さを感じずにはいられない現状があり、その疑問は「子どもの気持ちに沿っているのか」「気持ちに応えているのか」「わかってもらえただろうか」という点で共通しています。またその理由においても、子どもの気持ちに逆らっているような保育指導になりがちな状況の中で、保育者自身が先の見えない不安を感じているのです。

保育する日々の中で、保育者の本音として、障がいを持つ子どもたちの気持ちがつかめずに個々に自分たちの対応を省みながら、「これで本当にいいのだろうか」「他に方法はないのか」という日々の保育（指導）に迷いや悩みを余儀なくされている現実があります。さらに保護者との信頼関係を築くための保育と、その具体的方法を求めて模索している毎日であることもまた現実なのです。

園では保育指導が困難な状態になり、問題行動にどう対処すればいいのか、指導する立場の先生（保育士・教諭）たちが悩んでいることも保育園、幼稚園の日常であり、決して珍しいことではありません。

例えば、興奮してキレまくっては危険・乱暴行動を繰り返し、拒否的・反抗的になって衝動的に園を抜け出してしまうような統制困難な行動にどう対処すればよいのか困り果てています。どんなにやさしく「みんなと仲よく遊ぼうね」と言って指導したとしても、なかなか実現できずに悩んでいます。すばらしい標語（「やさしい心と思いやり」とか「自分で考えて行動する」など）を掲げたとしても、その理想的な標語では対処できないのです。

先生たちは、現実にその場でどう対応していけばいいのか悩みながら、その繰り返しの日々を余儀なくされています。

保育の実際として、現実にどう対処すればよいのか、という具体的方法が重要になってきます。例えば、保育園や幼稚園において、言語コミュニケーションに顕著な遅れを持つ広汎性発達障がい（自閉症）を持つ子どもや突発的に興奮するＡＤＨＤの子どもの興奮・乱暴行動に対して、「いけない」ということを一生懸命説明したとしても、あるいは、怖い顔をして言い聞かせても、多くの場合、効果は期待できず通じないことが多発します。それどころか、ますます騒ぎ立てたりすることがほとんどでしょう。

こういった発達的な課題を抱えながら、集団参加に困難性を持つ「支援を要する子どもたち」は毎年減少というより、むしろ増えてきている印象さえあります。
この続きはあらためて、「問題行動への対応」の項で取り上げます。

■保育者の陥りやすい状態

①抱え込み状態

問題行動がたびたび重なって、他クラスに再三迷惑をかけるため、とにかく自分の周りから離れないように抱え込んでしまいます。自分が何とかしなければならない、という責任感に縛られた状態です。

②イライラ状態

物事の遂行がうまくできない子どもを目の前にして、直線的にいろいろ教えることに明け暮れるが、結局何回教えても子どもが理解してくれないことに、精神的にイライラを募らせるストレス状態です。

③自由放任状態

子どもに対して毎日のように禁止や制止、制限をしていることに対して、やがて自ら疑問を持ち始め、いつしか子どもに対して何も言わなくなって徐々に眺めることが多くなる状態です。

④柔軟性欠如状態

専門的な本などを通して障がいの知識を増やしていくが、内容にかなりの影響を受けて、書かれていたとおりに実践することに頑固にこだわっている状態です。

⑤迷路状態

子どもが何を考えているのか、感じているのか、その気持ちや心模様を分析することに一生懸命になりながら、結論の出ない迷路に入り込んでしまう状態です。

以上の状態は、実は保育者に限らず教師や親、そして専門療育施設の職員においても、ともすると見受けられる状態です。

ですが、現場においては、二次的な問題につながる原因になることもあり、注意しなければなりません。発達支援保育のポイントともいえる「保育者」と「親」と「子ども」との三者間の足並みが崩れやすい状況をもたらすことになります。

中でも、「保育者どうしの足並み」は、とくに重要です。園全体で保育する視点が失われてはなりません。

■保育者の保育（指導）上の悩み

統合保育現場における保育者の抱える保育上の悩みに焦点を当てた実践的な検討としての報告は、決して多くはありません。

保育しながらも、しばしば一人の人間として深遠な命題が突きつけられるのです。ゆえに、保育者の指導には迷いが生じやすく、支援児保育に関する課題として、日常的に見られる子どもの問題行動に対して、いかに理解し、どう対応すればよいのか、悩みは尽きないのが現実です。

実際、保育者のみならず療育現場の専門職スタッフ（医療、心理、言語など）にとってもこれらは難題であり、助言やアドバイスの方向性を見誤る結果を招きやすいのは確かです。

- 気になる子の保育が難しい！
- クラス全体の保育が難しい！
- 園全体の保育をどうとらえればいいのか？
- 問題行動への対処が難しい！
- 職員間の連携が難しい！
- 保護者への対応が難しい！

以上の項目は、現在の保育園・幼稚園が抱える保育の困難さを物語る、現場からの声・相談・訴えの抜粋です。保育を難しくさせている原因は何なのか、それが必ずしも障がいの問題とは言えないまでも、「気になる子」とか「問題行動」などという表現を見れば、やはり発達問題が見え隠れしている実情を否定できないのです。

「一人が全体へ」あるいは「全体が一人へ」与える影響は、相当なものがあります。

■気になる問題

子どもに見られる、気になる問題は、子ども本人の抱える問題から子どもを取り巻く周辺に至る問題まで幾つかありますが、まずは、次のようなものです。

①行動問題

集団生活の中にあって、子どもどうしの乱暴行為（叩く、噛みつき、蹴る、押す・倒すなど）は問題になります。保育園ではすでに1歳児クラスにおいて問題化しています。頑固なこだわり・固執行動、自分の思いどおりにならないときに見られやすいカンシャク、もの投げ、混乱やパニック、飛び出し、多動性、衝動性、孤立、いたずら、拒否、反抗、抵抗など。

②情緒問題

情緒的な不安定に起因する気になる問題としては、神経質傾向、イライラ、興奮・泣き叫び、内向性、過剰反応、緘黙、不安、習癖（指しゃぶり、爪噛み、チック、吃音、頻尿、抜毛など）、孤立など。

③生活・環境問題

生活上の問題や子どもを取り巻く環境的な問題も無視できません。生活リズムが崩れやすい家庭状況や子ども自身の神経・生理的課題、虐待に代表される養育環境（人・物）問題、なかなか習慣が身につかないなど。

④心身の発達問題

年齢に見合わない幼さやつたなさ、あるいは言葉や対人関係などの発達の遅れ、さまざまな病気、そして、ますます増えてくる印象がある発達障がい問題など。

これらは定型発達の子どもにも見られていますが、とくに対人関係や自己統制が不得意な発達課題を持つ子どもに生じやすいと言えるでしょう。

私たちが意識し、配慮しなければならない問題は、おおよそすべての項目に発達障がい範囲の子どもたちが当てはまり、関係していることが、容易に推測できることにあります。

保育領域から教育領域までを見渡したとき、気になる子どもの問題は、発達障がい問題がかなりの部分を占めていることがうかがえるのです。

■現場から「保育の実際」報告

そのような子どもに対して、保育者の抱える保育上の悩みは尽きることがありません。

子どもが見せる一挙手一投足に困り果て、その対応に悩みながらも、どこまでが性格や個性なのか、それともただのわがままなのか、あるいは自己中心なのか、それとも自分勝手なだけなのか、ますます迷路に入り込んでいくことになります。

担任として、対象となる子どもに対して、「どこか他児と違う」という印象や実感を持ちながらも、

	子どもの行動	自分の対応	疑問と悩み	その理由
①	「お片づけして！」の指示に対してパニックになる。	「今は片づけだよ」と遊ぶことを禁止した。	本児の気持ちを無視していないか？ 禁止してよかったのだろうか？ 逆に禁止しないのは特別扱いになるのか？	遊びたいという本児の気持ちを禁止してよかったのか？ 発達にマイナスにならないか？
②	順番が待てず離席し勝手に行動。それを止められて大声、寝転んで拒否。	大声泣きでも離席を制止し、指導した。	あまりにも泣き声が大きすぎて、他児が設定にのれなくなってしまった。自由にさせておけばよかったのだろうか？	クラス全体の保育も大事だし……。
③	おもちゃを独り占めする。他児が使おうとすると自分は使ってなくても大声で抵抗・拒否行動。	「○○ちゃん、貸して」と言って促すがダメ。他児には別なおもちゃを用意して遊んでもらう。	無理におもちゃを取って他児に貸したほうがよかったのか？	本児にもおもちゃを取られる経験が必要なのではないだろうか？
④	場面の切り替え時に必ずパニックになり、集団から外れてしまう。	•声かけする。 •従わなければ無視する、様子を見る。 •抱いて移動する。	時間がないと待っていられないので、抱っこが多くなってしまうが、これでいいのか？	本人の気分が変わるのを待ってもよかったのでは……。

保育者が抱える悩み

発達障がいとの関連性までは推測しきれず、釈然としない思いを抱えながらの保育の日々が続いていくのです。

右ページの表は、日々対応に困っている「子どもの行動」、その行動に対する「自分（保育者）の対応」、その自分の対応に対する「疑問と悩み」「その理由」の4項目をまとめたものの抜粋です。

問題行動への対応Ⅰ…行動のコントロール

問題行動は、次の二つの項目に代表されます。

①行動面

（例）乱暴（叩く、噛みつき、蹴り、押す、倒す、首絞め、つねる、その他）、危険（高所のぼり、衝動行為、物いじり、その他）、多動、こだわり、拒否、抵抗、カンシャク、もの投げ、ものの口入れ、パニック、自傷、飛び出し、遊べない、その他。

②情緒面

（例）神経質傾向、イライラ、興奮・泣き叫び、内向性、過剰反応、緘黙、不安、習癖（指しゃぶり、爪噛み、チック、吃音、頻尿、抜毛など）、孤立、その他。

■問題性の基準を持つ

行動的な問題を取り上げる際に忘れてはならないことがあります。それは、その行動が「なぜ問題なのか？」、考えられる「原因は？」を検討するという当たり前のことが重要なのです。ついつい、「気になるから」とか「世間体」などで、むやみに子どもに対する制限や罰に走ることがあってはなりません。

例えば、「指しゃぶりはなぜ問題なのか？」に対して、「もう5歳になるからおかしいし、みっともない」では、答えにはなりません。まずは、「いろんなものを触った手指を口に入れることは経口感染など健康を害する原因になるから」問題なのです。

あるいは、「扇風機や換気扇などの回転するものを30分でも40分でも見入っている」「好きなおもちゃ遊びなどやり始めるといつまでもやめない」などに対しても同様に、「一人でいつまでもやり続けていると何か変だから」では、答えにはなりません。「人とかかわる経験や物事を学ぶ時間を失うから」問題なのです。以下の例も同様です。

- 「突発的行動」↓　危険。他者を巻き込むおそれがあるから。
- 「叩く、噛みつくなどの乱暴」↓　危険。相手を傷つける。対人関係が壊れ嫌がられて孤立してしまうから。

・「ものの口入れ」↓　経口感染の可能性があり、口腔含め身体的健康を害するから。
問題行動への対処や対応に関しては、世の中が当たり前に考えているその言い聞かせが、発達障がいを持つ多くの子どもから見れば、理解しにくいことが少なくありません。ここに微妙な難しさがあります。

■間違った対応…アメとムチの落とし穴

世にいう子育て論の落とし穴に、「アメとムチ」があります。一般的には、アメはやさしさを意味しており、ムチは厳しさを意味している、と私たちは（それほどの抵抗感もなく）理解しています。言い換えれば、夫婦（あるいは養育者間）の子育て人生における役割分担的なイメージと受け取っているとも言えます。ゆえに、アメは母親的であり、ムチは父親的という印象さえ持っています。しかし、ここに大きな落とし穴があるのです。

ただし、父親に「怒らないで、叱らないで」とか、母親に「やさしくしないで」などということを言いたいのではありません。

一例を挙げてみれば、「いけないことをして父親から厳しく怒られた子どもを、母親がやさしくなぐさめた」。この場合、怒った父親の行動はムチであり、やさしい母親の行動はアメということになるわけです。

陥りやすい意識すべき問題は、この筋書きのない「絵」が、あたかも「意味ある風景」であるかのように刷り込まれている私たちの思い込みにあるのです。

さらに、それは「間違ってはいないはずだ」という論拠にもなり得る、という点です。

反論もあるかもしれません。

例えば、おそらく多数の親は、「誰が理由もなく子どもを怒るであろうか、ましてやそれを肯定する母親などあり得ない」「子どもを怒るのはそれなりの理由があるからこそ怒るのだ」と言うでしょう。そして、その役割を実行した父親がすぐになぐさめるというのもどこか変だろうから、ここで役割を母親に交代して、子どもをやさしくなぐさめてもらう。それはやはり、子どもの心が傷つかないようにと願う思いからだ、と。

しかし、発達障がいを抱える子どもに対して、このアメとムチの手法はおそらく効果は乏しいでしょう。

少なくとも、両親は同じ対応であってほしいのです。つまり、父親が教えるべきことは母親も同じように教える対応が望まれます。そして、子どもが望ましい結果を見せてくれたときには、両親が同じように心からほめる、ということが必要なのです。

先ほどのアメとムチの時間差のある役割分担ではなく、同じタイミングで、同じ立場をとることが望まれるのです。

その理由は、とくに広汎性発達障がいを中心に置けば、認知発達上の対人関係性・共感性（情緒的・感情的交流）に課題を持っている、ということにあります。

アメとムチの背景に流れている「共感の意味を理解し共有すること」が困難な特徴を持って生まれた子どもには、この言い聞かせの手続きは意味のとらえにくい理解困難なものになるでしょう。アメとムチは、心情性に依存するがゆえに、発達障がい（とくに自閉症範囲）の子どもたちには、理解困難なのです。

したがって、前述した例においては、意図的に怒った父親は直後に望ましい行動を子どもに教え、行動をとらせて、その結果をきちんと表現・呈示する対応（認める、ほめる、約束の実現など）を示せる存在であることが望まれるのです。

■行動論的アプローチ（行動変容法）

問題行動への対処や対応に関しては、そもそも言い聞かせが子どもに通じれば問題は解決するのですが、発達障がい問題において、それが可能であれば誰も悩みません。

説得や言い聞かせが困難な場合、その問題行動に焦点を当てて、問題性を減少させるべく行動を変化させていく必要があります。この意味において行動変容法の手続きが強い味方となります。

基本的には目標となる行動の学習を促していく作業になります。

簡略に言えば、「行動は、その結果の快・不快によって増えたり、減ったりする」という原則に照らし合わせて対応を工夫していくことが、シンプルであり、要を得ているのです。さらに、「ある行動を教えて納得いく結果（例えば、ほめられる）になれば、その行動は増えることになり、逆に結果的に嫌なことになればその行動は減る」ということになるでしょう。

■行動を強化する

ある行動を「増やす」手続きを「強化」と言います。

子どもへの対処や対応のポイントとして、目標とする望ましい行動を教えて、それを強化していくことが大切です。生まれながらにさまざまな発達的課題を抱える子どもたちに対して、少しでも困難さを軽減できるように「生きていく方法（スキル）」を教えていくことが重要なのです。

しかし、ここで再認識すべきことがあります。

私たちは日常的に、意図せず（あるいは伝統的な信念で）問題行動を強化してしまっていることがあります。しかも普通に当たり前にやっていることが、それに該当することがあるのです。

例えば、保育園にありがちな光景ですが、「午睡時に着替えずに裸で走り回っている子どもを先生が何回も〝おかしいよ〟〝恥ずかしいよ〟と声をかけ注意する」という場面です。

先生がはじめはやさしく、やがて険しい表情で注意したとしても、子どもはさらにニヤニヤしながら走り回るでしょう。おそらく毎日繰り返されて、しまいには結局、先生が追いかけて抱きかかえて戻すことになります。先生によっては悩むかもしれません。

しかし、よく眺めてみると、本人からすれば、「先生やみんなから注目されて」「何回も声をかけられて」「追いかけられて」「抱きかかえられて」と、極めて好きなかかわりが総動員されたことになります。これらは、やめさせたい行動を逆に強化する機能を持っていることに注意しなければなりません。つまり、誤った強化（誤学習）になるのです。

物事の理解（認知）がうまく機能しない発達障がいを抱える子どもにとっては、例えば、大人が見せる険しい・怖い表情さえも意味不明な、もしかすると楽しい愉快な反応に映るかもしれないのです。結果的には、例に挙げた行動（裸で走り回る）は、強化されて減るどころか、ますます繰り返される（増える）ことになるでしょう。

また、よく目にする別な例を挙げてみましょう。

「教室や部屋からの飛び出しを追いかけて連れ戻す」という指導があります。これは保育園、幼稚園あるいは学校でも、子どもの現場のあちこちで見受けられる光景ですが、よく眺めてみると、「追いかける」「やさしく連れ戻す（手をつないで）」「いろいろ言い聞かす（個別的に）」などの作業が伴うでしょう。

もうお気づきかと思いますが、そうです、毎回の指導結果において、誤った強化が形成されています。したがって、この「教室や部屋からの飛び出し」は減ることにはならないかもしれません。つまり、誤学習になります。

これらの例からもわかるように、発達障がいを抱える子どもにとって、裸行動や飛び出し行動の原因は幾つかあったとしても、一般的な指導では、ともすると結果的に個別的な注目、言葉かけ、身体的かかわりという、むしろ快適なかかわりが多くなりがちです。つまり、単純に快適な結果を与えたことになって、本来止めたかった裸行動や飛び出し行動を逆に強化したことになるのです。したがって、これを繰り返すかぎり、問題行動は減少しにくいことになります。

何の疑いもなく普通に（当たり前に）対応している誤った強化は他にもあります。

例えば、「他害行動」「もの投げ・まき散らし」「カンシャク・泣き叫び」「高所のぼり」などの問題行動に対して、

- 怒る
- 言い聞かせる
- 眺める
- おんぶや抱っこをして、なぐさめる
- (高所のぼりに対して）危ないことを言い聞かせながら、抱いて降ろす

などです。これらはしばしば誤学習を招く誤った強化となりやすいのです。

望ましい行動を強化するという視点に立てば、改善策は幾つか思いつきます。

飛び出し行動の例で言えば、まずは、「追いかける」「やさしく手を握って連れ戻す」「いろいろ言い聞かす」などをやめて、「追いかけない」「連れ戻す際は淡々と」「いろいろ言い聞かすことはしない」ということになります。

そして、入室して着席した行動に対して、「笑顔でほめて」「課題につきあって援助する」などの

快適なかかわりをきちんと返して強化することが望まれます。

問題行動への対応Ⅱ…危険・乱暴・興奮行動への対処

■「即時対応」と「遅延対応」

家庭においても、保育園、幼稚園あるいは学校などの集団生活においても、指導上さまざまな悩みを余儀なくされるのが、危険・乱暴・興奮行動への対処でしょう。

まずチェックすべきは、本人の興奮度です。子どもの表情（目つき）、息遣い、言葉遣い、手足の動きなどをよく見てください。「興奮しているか、いないか」で次のように対応を変えることで効果を生みます。

・興奮していない場合は「即時対応」

例えば、友達の遊びを邪魔したり、わざとチョッカイを出したり、大声をあげてからかったり脅かしたり、しつこく嫌がることをやったり、暇つぶし的に意図的に問題行動を起こしているようであれば、その場で即時に対応します。その場まで行って、いけないことを毅然《きぜん》（凛《りん》）と指導することが望まれます。

その後、とるべき行動を教えます。例えば、謝罪する、壊したものを修理する、投げ散らかしたものを片づけるなどの社会的行動を実際にとらせて、その結果として望ましい行動をしっかりほめて強化するという流れです。

・興奮している場合は「遅延対応」

興奮して、大声・暴言をわめいたり、暴れたり、相手に乱暴したり、ものを投げたり壊したりなどが生じた場合はタイムアウト*を行い、クールダウン（興奮冷却）を図ります。

タイムアウトの空間（部屋）では一人にさせるか、あるいは大人が同伴したとしても、子どもが落ち着くまでは言い聞かせたり、怒ったり、見つめたりなどはしないなど、誤学習に導かないことがポイントです。

その後、落ち着いたことを確認してから必要な対応をスタートさせます。話は端的に短いほうがよいでしょう。何がいけなかったのか、今から何をしなければならないかなどを指示して自覚を持たせ、必要な約束を交わします。その後しかるべき望ましい行動を教えて、行動を促し、とらせて、結果その望ましい行動をしっかり強化するという流れです。

タイムアウト（クールダウン）の時間を要するので、対応まで若干時間が遅延するため、遅延対応と呼んでいます。

*その場から外して、刺激のない場所へ移動させること。

■応用行動分析（ABA：Applied Behavior Analysis）の導入

若干難しく聞こえるかもしれませんが、応用行動分析とは、問題行動の発生要因と維持要因を、個と環境との相互反応に視点を当てて検討し、解決へ向けて実践する手法です。

例えば、ある問題行動に対して、機能分析（その問題行動の持つ機能性〈利得・目的〉を仮説化）して対応を工夫する方法です。

比較的多く見られる問題行動の機能性としては、「注目を集めるため」「逃げる、避けるため」「自分の要求達成のため」「暇つぶし」「感覚的・刺激遊びのため」などが目立っています。

では、小学校においてよく見られる例を取り上げて考えてみましょう。

「授業中に突然大声を出したりして、そのたび授業が中断する」という問題行動を機能分析してみます（幼児期に置き換えれば、集会や制作課題時間に大声を出して騒ぐ行動と同じです）。

本人の発達状況などから検討した結果、

- 授業の内容が理解できず、我慢できない気持ちから問題行動が繰り返されていた
- 結果、毎回授業が中断して嫌なことから解放されていた

ということが考えられます。

つまり、毎回同じように大騒ぎすれば、嫌なことから逃避できるため、この問題行動は維持され

ていたと推測できます。

これをフローチャートにするとわかりやすいので、図9を見てください。

授業中断がもたらす結果が、維持要因として機能していたと考えられます。

そこで、対応策を講じることになります。

そもそも授業が理解できないことが、原因の根底にあります。授業時間を通して我慢できない気持ちが増大し、爆発的な大声騒ぎにつながったわけですから、授業前に「わからないとき」「助けてほしいとき」にはどうすればよいかの方法を教えて、約束します。さらに授業が終わってから好きな遊びや時間などがちゃんとあることを説明して見通しを持たせます。授業中に約束が守れていたなら、授業中と授業終了後にしっかりと本人をほめるように一貫して進めていきます。

以上の展開になりますが、ここで重要なことは、発達段階や発達障がいの有無など子どもの状況をとらえておくことです。

あらためて、対応の流れを確認してみましょう。

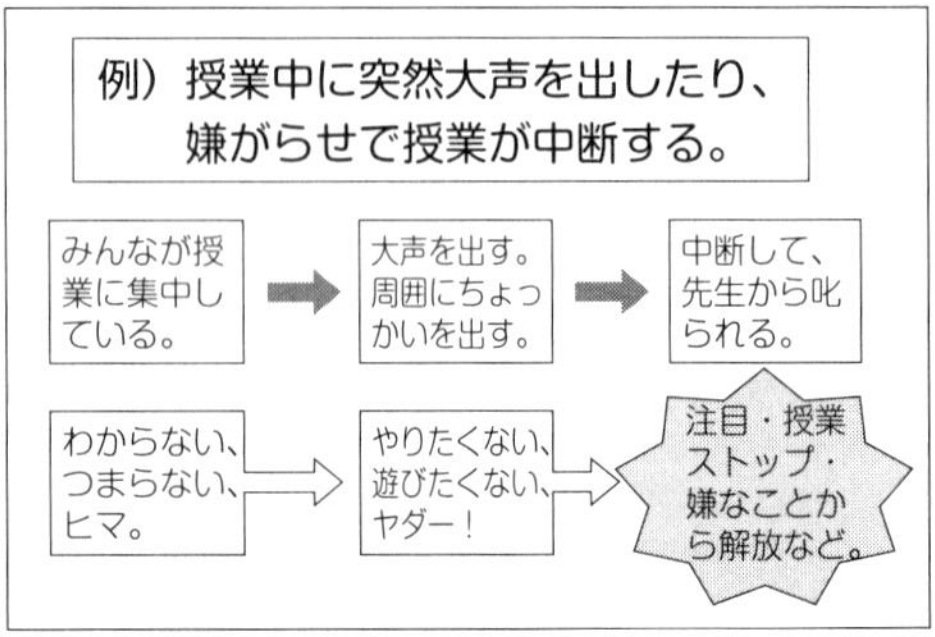
例）授業中に突然大声を出したり、
嫌がらせで授業が中断する。
みんなが授業に集中している。
大声を出す。周囲にちょっかいを出す。
中断して、先生から叱られる。
わからない、つまらない、ヒマ。
やりたくない、遊びたくない、ヤダー！
注目・授業ストップ・嫌なことから解放など。

図9　問題行動の出現のフローチャート

取り上げた問題行動事例（図９）は、機能分析の結果、「理解できない嫌なことから逃避するために問題行動が持続していた例」ですが、応用行動分析的手法で介入し、その原因を取り除くために、問題行動の発生軽減と行動改善を目標とした具体的対処の流れが図10です。

工夫のポイントを以下にまとめてみました。

①本人にとって、理解できない、わからない、つまらないを変える工夫

↓事前に約束して、見通し、目的などを持たせる。

ルール教示、適切行動の手渡し、終了後の約束（要求実現）などの設定を本人に呈示する。

②大声を出す、周囲にちょっかいを出す、大騒ぎするなどの問題行動を変える工夫

↓どうすればよいのか具体的行動や方法を教える。

例えば、挙手して普通の声で先生に「○○……」と言って表現する、尋ねる、お願いするなどの具体的方法（スキル）を教える。

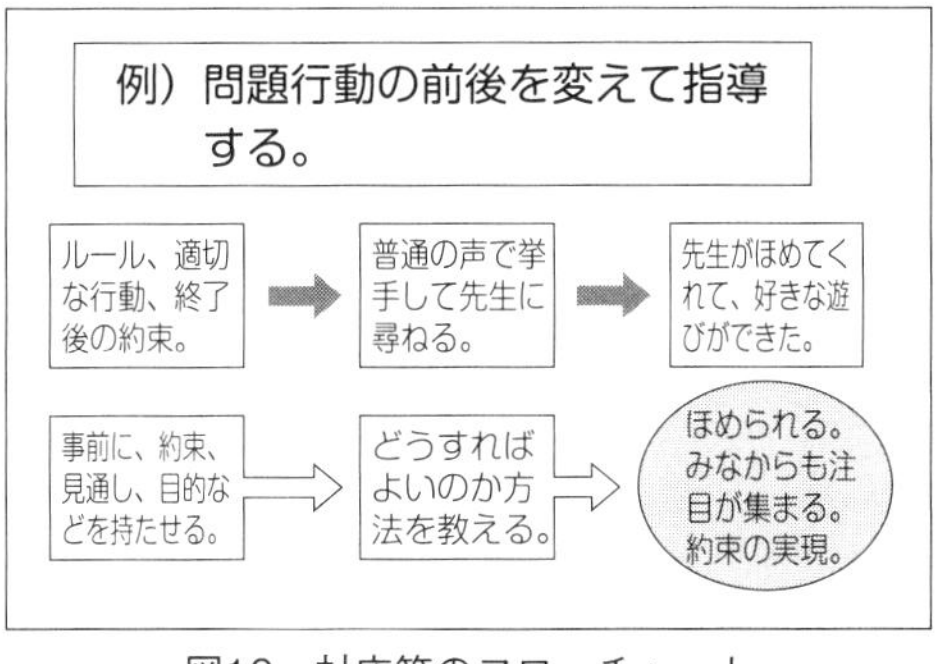
例）問題行動の前後を変えて指導する。
ルール、適切な行動、終了後の約束。
普通の声で挙手して先生に尋ねる。
先生がほめてくれて、好きな遊びができた。
事前に、約束、見通し、目的などを持たせる。
どうすればよいのか方法を教える。
ほめられる。みなからも注目が集まる。約束の実現。

図10　対応策のフローチャート

③先生から怒られ、注目・授業ストップ・嫌なことから解放という流れを変える工夫
↓先生がほめてくれて、好きな遊び、要求がかなえられる。みなからの注目も集まる。
約束の実現など、納得いく結果を示していく。

この応用行動分析的方法は現実的であり、とても具体的です。しかしながら、すべてに万能ではありません。問題の状況を分析し、原因や背景を検討して、対象となる子どもの発達をとらえながら取り入れていくことが望まれます。

■発達支援保育の4本の柱

やや残念なのですが、現実的にいまだに完璧な指導マニュアルというものは存在しません。しかし、障がいに基づく困難性の軽減や改善を目指した幼児期からの日々の指導の重要性は言うまでもありません。人は一人で生きていくわけではありません。この社会で生きていくための方法(技術)を少しでも身につけ、獲得していくことが望まれます。幼児期の指導目標として、次の4点が重要なポイントになります。

これらは障がいの有無にかかわらず身につけることが大切ですが、発達支援保育においてはとくに重要です。

〈支援保育の４本の柱〉

①身辺処理

排泄、食事、衣服の着脱、準備や片づけ行動、移動など。

②対人関係

あいさつ行動（「おはようございます」「こんにちは」「さようなら」）や要求行動、感謝（「ありがとう」）、謝罪（「ごめんなさい」）、指示理解、他児や大人との関係、かかわりあいの促進など。

③善悪

物事や行動の善悪、ルールや規律の理解と順守など。

④耐性

がまんすること、待てること、気持ちや行動のコントロールなど。

■子どもの特徴の理解と応用

①約束の設定と呈示

子どもの発達水準にもよりますが、集団のルールや守るべき約束（列に並ぶ、順番を守る、危険・乱暴行動はいけないなど）を掲げて教え、理解を促していくことは大切です。言語理解が困難な場合は、絵や写真、マーク、他児との組み合わせなどで理解できるように取り組み、工夫していくことが望まれます。

例えば、危険・乱暴な問題行動にはきちんとブロック介入していくなど、一貫して取り組んでいくことが効果的です。ブロックとは、問題となるその行動を素早く止めて最後まで遂行させない対処です。直前ブロック、同時ブロックなどを一貫することで、子どもにとっては理解しやすくなります。

②興味や関心の利用（お手伝い、役割など）

他児と遊びを共有することが不得手な子どもは、一人遊びになっていたり、やることが見いだせずフラフラしていたりすることが少なくありません。暇つぶし的にやっていたことが問題行動につながる場合も少なくありません。子どもの好きなこと、興味や関心を利用した遊びはもとより、お手伝い、役割行動、係活動などの工夫が大切です。

杓子定規に、子どもは子どもどうしで遊ぶことが大切なのだ、といった考えに基づく旗は、時には下ろしてもよいのではないでしょうか。発達に課題を持つ子どもは、少なからず、はじめから友達と上手にかかわることは難しいのです。当初は大人の援助を必要とするでしょう。その工夫からスタートすることが、いわば「急がば回れ」なのです。

③称賛と承認

ほめられること、認められることは重要です。

それが、結果的に、生きていくために必要な行動への意欲や自発性を引き出すことになり、積み重ねながら獲得していくための継続性を促す一貫した方法となります。

④気持ちの切り替えや我慢の育成

子どもの発達水準にもよりますが、「○○してから△△だよ」「○○の次に△△です」というように一つ二つ先の見通しを持たせることから慣れさせていくことです。子どもの多くは見通しを持てていないことが多く、その場の言語指示だけでは、気持ちや行動の「切り替え」がうまくできないことが保育を難しくさせているとも言えます。

現場では場面の切り替えが難しい事態が少なくありませんが、前述した「約束の設定」のように、事前にわかりやすく、明確に告知しておくことも方法です。約束を交わす習慣、もの（アナログ時計、予定表など）をうまく使って、やるべきことの流れをあいまいにしない工夫が望まれます。さらに、子どもが結果を見せてくれたときに「笑顔でほめること」を忘れないようにしたいものです。

言語発達に課題がある場合は、何を意味しているのかがわかりやすい写真や絵を順番に並べて予定を貼り出したり、ボードに書いたりして呈示する視覚的な方法を工夫することもよいでしょう。場面によるスケジュールの呈示です。

最近は家庭でも園や学校でも利用され始めていますが、食後にすることの流れの一例を示します。この例では、絵（図11）を手描きにしてもよいですし、写真やイラストなど子どもにわかりやすいもので工夫することがおすすめです。呈示方法は、左から右へ並べるか、上から下へ並べるのが見やすいでしょう。数字を記入して順番を理解しやすくすることも取り入れたいですね。

この例の場合、絵から理解できる（教える）行動は以下になります。

絵1：食べ終わったら自分のイスの周りや床に落ちているものをきれいに拾う（片づける）。

絵2：使った食器などを自分で運ぶ。

絵3：イスを（所定の場所へ）運ぶ。

絵4：歯を磨く。

絵5：お着替えをする（午睡がある場合）。

絵6：終わったら、好きな絵本を見る（見ながら待つ）。

最後に好きなものを設定することもポイントの一つです。

これらの行動がスムーズにできるようになったかどうかを、よく観察しながら、呈示した絵（スケジュール）を徐々に外

図11　「食後の流れ」のスケジュール呈示の例

していけばよいのです。うまく獲得されれば、見なくても行動できるようになります。

⑤楽しい笑いと愉快さ

子どもは例外なく「楽しいこと」や「愉快なこと」が大好きです。毎日一緒に過ごす先生が、笑顔が乏しく、指示するだけで味気ない、あるいは厳しくコワい人だったら、子どもはどんな気持ちになるでしょうか。

障がいの有無にかかわらず、不安感や恐怖感、満たされない思いなどを持つでしょう。それらはストレスへとつながりやすいのです。発達に課題のある子どもたちにもまったく同じことが言えます。対応にメリハリを持つことも大切です。指導場面は手続きを一貫するとしても、ふだんは楽しく、愉快な先生でありたいものです。

■日常の支援保育を振り返って

障がいの程度にもよりますが、明らかに遂行困難な課題はその設定から考え直すことも必要であり、発想を切り替えて、「何がその子にとって遂行可能なのか」「どのぐらい楽しいか」「意欲的になれるか」などが考慮されなければならないでしょう。

着席課題や困難事態、困惑事態、あるいは人との関係構築に際して、拒否や逃避、勝手な行動で終始するだけでは、結局何も身につかないままに過ぎて、終わってしまうことになります。

統合保育においては、発達支援児とともにみんなで同じ場面を共有できることがポイントの一つなのですが、ここでいう「みんなで同じ場面を共有できる」ということは、通常は社会性の発達に伴って、幼児期には自然に獲得されていくのですが、何らかの発達上の課題を持つ子どもたちにとっては、かなりの時間が必要とされます。

例えば、物事の善悪の理解、耐性、対人関係上のルールや生活上の規律などに関する現実場面での一貫した体験の積み重ねが、本人の精神的・社会的発達を促進する必要条件になってくるのです。

しかし一方では、指導の手続きとして、嫌悪的な「罰」に基づく教育方法も存在しています。いかなる方法が、その子どもの将来にとって有効かつ妥当なものであるのか。現場での指導方法を工夫しながら実践し、検討を重ねていくことが発達支援保育実践における継続的な課題であると考えます。

保護者理解と支援

■親の抱える育児上の悩み

子育てはなかなか親の思いどおりにはいかないものです。親になり子育ての現実に遭遇しながら、いわゆる育児ストレス状態になっている母親は少なくありません。「子どもが言うことを聞かない」「自分の好きなことができない（時間がない）」「夫が協力してくれない」「相談相手がいない」など、母親の蓄積された不満状態が子どもへの感情的な対応を増加させ、果ては虐待にまで踏み込んでしまい、時として、自己嫌悪と反省の繰り返しの悪循環に陥って悩むことになってしまいます。これらは幾多の子育てエピソードから消えることがありません。

筆者が受け持つ相談の中にも、母親の口から「子育てがつらい」「子どもを可愛いと思えない」「子どもを愛せない」「子どもとのかかわり方がわからない」「子どものほめ方がわからない」など、涙ながらに悩みを告白してくることが少なくないのです。むしろ最近の相談内容の傾向として、このような母親の姿は、見受けられる特徴の一つであると言っても過言ではありません。

こういった親の現実は、テレビや新聞の特集などでもしばしば目にすることがありますが、これは見方を変えれば、「子どもは無条件で愛すべき存在である」「母親は子どもを慈しみ育てるものである」、そして「子育ては楽しいものであり、子育ては楽しむものである」といった暗黙の深遠なる「親子像」に母親が追いついていくことができずに喘《あえ》いでいる状態のようにも見えます。しかし、時に、それらの悩み相談の背景に、子どもの障がいや発達問題が関係していることが少なくないのです。

■障がいを抱える子を持つ親は…

いかなる障がいにおいても周囲の理解を得ることは容易ではありません。子どもの場合、障がいの原因が明らかな場合であっても、また不明な場合であっても、理解の希薄な状況の中で親は自分の子どもを育てていく責任があり、また育てていかなければならない現実があります。

多くの場合、乳幼児期の段階では親自身、わが子の障がいを理解することは困難であり、どうしてよいかわからないことばかりの不安な毎日を送っています。漠然として何もつかめないまま自分たちの将来への悩みは尽きることなく、ストレスが高い状態にあります。

乳幼児期の障がい告知から始まる、障がい受容までの「道のり」は長い時間を要します。とくに親にとって、乳幼児期は事実を受けとめようにも、何ひとつ気持ちを整理できない日々が続くのです。

周囲の目線に対して神経質になることを余儀なくされ、子どもを育てていくことへの不安状態や自信喪失に陥り、夫婦関係の歪み、親族への敬遠意識、焦燥感、孤立感などにつながっていくことが決して少なくありません。

さまざまな過程を経て子どもの問題や障がいの客観的な受け入れができるまでの「親子の道のり」は、時として険しくはるかなものとなります。

・明日が見えない不安

その子育ての道程において母親が陥りやすい状況（心理状態）は他にもあります。

「この先どうなっていくのだろう」「この子はどうなってしまうのだろう」という明日が見えない不安は計り知れません。

今は幼児であっても、やがては身体も大きくなり、青年、成人になっていきます。どういう人間に育っていくのか、見えない将来に対して、何をどうすればよいのか、どこに行けばよいのか、誰に尋ねればよいのか……何ひとつわからない状況の中で、時間だけが過ぎていくのです。

・逃げ場のない壁……育児ストレス

やさしく言っても、厳しく叱っても、なかなか思いどおりにならない子どもを相手に、どうすればよいのかわからない逃げ場のない壁にぶつかることが少なくありません。気持ちにゆとりが持てずイライラしたり、怒りっぽくなったり、その毎日にストレスが生じやすくなっていきます。親としてあるべき姿はわかっていても、それがかなわない日々もあります。

子どもに当たったり、自分を責めたりの繰り返しの中でさらにストレスをためていく時期を経験するのもまた親なのです。

・相談相手も友達もない……孤独感

乳幼児期から、誰にも相談できない子育て問題を抱えながらの育児の日々。終始マイペースな子どもには友達もできにくい。それは同時に、母親にも友達ができにくいことを意味しています。子どもが小さいほど、子どもどうしの関係を通して親どうしが知り合えることが多いものですが、それが乏しく少ない状況の中で、親は孤独を余儀なくされます。

家族や実家、親族も事情はわかっていて、子育てへの援助や協力をしたとしても限界があり、難しいのです。やはり育児の機微は母親へ押し寄せてきます。子どもに一人向き合う日々が続き、いつしか孤立を余儀なくされていくことも少なくありません。

・心身の疲れ

孤軍奮闘の育児の日々に、やがて心身ともに疲れきってしまいます。母親の中には、精神的にうつ症状に至ることもあり、深刻な状況になることもあります。

■保護者支援の5つのポイント

保育園あるいは幼稚園において支援児を持つ親を援助していく保育上の実践的なポイントを次の5つにまとめてみました。

①支持

支援児を保育していく上で、日常的な生活場面での指導方法や手続きを工夫することが重要ですが、その際、親の了解や家庭での協力を得ることが連携作業の手始めとなります。

そういった場合、まず心がけなければならないことの一つに、保育者が守るべき基本的な立ち位置があります。それは、「ああしなさい」「こうしなさい」の指示ではなく、「(それじゃ)○○してみましょうか」という支持(サポート姿勢)を大切にしていくことです。

②理解

わが子の障がいという現実を目の当たりにして、戸惑い悩みながら、子育てと仕事を抱え、保育園や幼稚園、あるいは未認可保育室などの集団生活に、不安や心配を抱きながら子どもを預けている親の気持ちを理解していくことが大切です。

例えば、子どものために「よかれ」と思って言ったことでも、親が心身疲労状態のときには、細かな注文のように聞こえてしまうことがあります。常に、親対応の原則として心に留めておく必要があります。

③フィードバック

些細《ささい》なことでも子どもの変化や成長を親と共有して一緒に喜ぶことを大切にすること、そして時には、親自身のがんばりや努力、成長を言葉にして伝えていく（尊重しほめる）ことを忘れずに向き合っていくことが大切です。

④情報提供

さまざまな情報を提供していくことは重要です。えてして、保護者は子育てに関する情報収集に慣れていないものです。まして発達や発達障がいなどに関しては、ほとんど不得手な状況と言ってもよいのです。

ですから、例えば、子どもの発達や就園、就学などに関する相談窓口、身近にある勉強会や講演会などの情報、あるいは専門病院などの公的機関の紹介などを提供していくことは支援の基盤です。

⑤問題性の把握

子どもの問題を園（現場）全体でとらえ、保育者間相互の問題意識を確認し合い、ケース会議などで検討し、方針を打ち出すことを定期的に設定していくことが望まれます。

園全体で一人ひとりの子どもへの視点を持ち合う（共有する）ことは簡単ではありませんが、子どもの発達課題や発達障がい問題に寄り添い、発達支援を進めていくことは、むしろ障がいの有無にかかわらず、定型発達の子どもたちも含めて、すべての「子どもの育ち」を守っていくための不可欠な条件ではないかと思います。

■協力者・理解者としての保育者の立場から

子どもを保育していくことは、同時にその親を支えていくことにもなります。とくに発達支援保育においては、保育を通して保育者が障がいを理解することと、子育てする親の気持ちを理解することが大切であり、保育は親との連携を通して実現されていくことが望まれます。

保育者は「保育」という具体的サービスの提供者であり、親（子育て）の協力者であり、理解者であり、相談相手なのです。ゆえに「子どもを見ていくこと」と「親を理解していくこと」が要求される専門的な立場なのです。

ここで現場の保育者が抱えやすい（相談の多い）代表的な例を挙げて検討してみましょう。子どもの発達と向き合いながら保育者は、以下のような悩みも抱えているのです。

①子どもの気になる行動に気づいていない保護者への対応は？

子どもを毎日保育しながら、子どもが見せる「気になる状況」に関して、保護者のほうから何かしらの相談があるわけでもない日々が続くと、保育者のほうが不安になってくることがあります。何とか保護者に伝えようとして、はじめは何とはなしに匂わすように話題にしたりするのですが、それに対しての保護者の反応が毎回希薄だったりすると、さらに保育者は焦り始めます。やがて、子どものために、ある種の責任感と義務感から、手遅れにならないうちに、心配のなんたるか（子どもの気になる内容）を保護者に伝えなければならないという思いに、心がかたくなになっていきます。

←

これは、近年の「保育者の抱える悩み」の上位に入るかもしれない問題と言えるかもしれません。ここで、問題とすべき点は何なのかを考えてみる必要があります。

問題となるのは、「子どもの気になる状況」ではありません。保育者の持つ「保護者に伝えなければならないという思い」のほうを考えてみる必要があります。

例えば、親にとって、初めての子どもである場合は、多少匂わされても、知らないゆえに気づくことができない、ということが起こり得ます。

いずれにしても、本当に気づいていないのか、ただそう見えるだけなのか、必要以上に親の反応に対して分析的にならないほうがよいでしょう。さもないと、保育者の焦りのような心境が、自分の中で不満や不信を増幅させてしまうリスクがあります。支援対象児の親への対応に、偏った「力み」のようなものが漂い、不自然な表れ方になっていくことがあるのです。

親としても、保育者との間に、話しにくさや抵抗感を抱くようになり、時として、その後の保育者と保護者との関係に、ギクシャクとしたものがいつまでも抜けきらない関係へと発展することもあるのです。

子どもに発達的な課題（障がい）が疑われる（あるいは明らかな）場合ほど、周囲が焦ってはならないのです。ともすると、幼児期（在園する時間内）のうちに何とかしなければという思いに走りがちですが、むしろ子どもの発達を願えば、慎重に考えることが重要なのです。つまり、保育する側として支援の枠組みをいかに組み立てていくかが重要なのです。そして、その支援を小学校へとスムーズにつないでいくことが望まれます。

例えば、まず、「気になる子どもの状態がどういうことなのかを知ること」から始めましょう。具体的には、巡回発達相談や専門家への相談を依頼し、園内での検討作業を持つことが必要です。

次に、「保育していく上で、必要な目標と、保育上の対応や手立てを得ること」です。さらに、「保護者へのアプローチとして、何からどのように話していくかの内容と手順を得ること」です。

最後に、「保護者自身には、どこに、どう動いてもらうか、そうすることによって何が得られるのか、どうなっていくのかの見通しなどが説明できるように、その内容を得ること」です。少なくとも、親に手渡せる情報を幾つかそろえて、話し合いに備えることが望まれます。

その上で、保育者はいつも、「子どもたちがみんなで仲よく楽しく過ごせるように保育していきたい」という気持ちに何ら変わりがないことを笑顔で伝えることが大切です。

②子どもの状態を認めない（話を受け入れない）保護者への対応は？

子どもの乱暴な行動や目立つ不得手さなどを取り上げて保護者に伝えても、「うちの子だけですか？」とか「子どもってそういうものじゃないんですか？」「ゆっくり成長していますから心配していません」といった反応で、逆に反論されて、どうにも話が前に進まなくなることがあります。進まないどころか、担任や園への不信や不満につながったりすることもあり、まれに関係が対立することもあります。

←

人それぞれ考え方は違うから、と言ってしまえばそれまでですが、保育者側と保護者側の思いや考え方が嚙み合わず、信頼関係が崩れることがあってはなりません。

まずは、保育者として自分の言ったこと（中身）が、「なぜ、通じにくいのか」を素直に振り返ってみることが必要かもしれません。世に言う、いわゆる「よかれ」との思い（相手を思う気持ち）からの言葉は、そのときの親には受け入れがたい「不快音」のように聞こえる場合があります。子育て真っ只中の親の心境は、しばしば敏感になりやすく、例えば、子どもがほめられたとしても納得しないことさえあるのです。

足元を眺めれば、保育者の中にも同じように子育て中の人（親）がいても不思議ではありません。にもかかわらず、仕事においては、保護者との関係が難しくなっている先生（保育者）が出現するという事実が、この問題の微妙さを物語っています。

まずは、子どもとの関係を保護者に見せていくことが重要です。ここでもメリハリが大事です。子どもと笑顔でかかわる姿を自然に見せられる保育スキルが求められますが、これはその保育者の持っている心情や気持ちが素直に表れるので、単なる見せかけでは通じません。

親からすれば、わが子に対して、時には厳しく保育指導しながらも、笑顔で身体ごとかかわり、さらに子どもの笑顔を引き出している姿（様子）は、何にもまして安心できる条件です。

親であれば誰でも、基本的に、そういう保育者に信頼感を持つことは自然な反応なのです。

③参観などをどう位置づけ、対処すればよいのか？

保育参観などの行事は園からすれば、気になる子も含めて、子どもの状態を保護者にありのままに見てもらえる機会なのですが、子どもに発達課題や障がいがあって、行事にうまく参加できない場合、対象となる子どもへの個別的な保育状態を作らなければ、行事全体に何らかの影響が出てしまうおそれがあります。時にはその結果、他児の保護者の疑問や誤解を誘ったり、思わぬクレームが飛び出したりすることもあります。

一方、対象となる子どもの保護者にも快く見てもらいたいという思いもあり、園としてはジレンマに陥ることになります。保護者全員に気遣いながら、「あちらが立てば、こちらが立たず」の状態になることがあります。

↓

子どもが抱えている発達課題や障がいにもよりますが、行事などへの参加が困難な子どもの場合、やはり当日へ向けた工夫や配慮が必要となるでしょう。課題の選択、着席位置の確認、逸脱行動への対処確認、保育者のシフトなど。対象となる子ども中心に全体を合わせるということではなく、全体に合わせて動けるように考えていくことがポイントとなります。そのためには、計画的に一定期間前から参観日に向けた練習が必要になります。

大事なことは、「困難な（できない）姿（状況・様子）」を見せるのではなく、「（うまくできないとしても）がんばっている姿（状況・様子）」を保護者に見てもらえるように目標を掲げ、心がけながら進めていくことが大切なのです。

ともすると、ありのままの困難な（できない）子どもの姿を見れば、親もわが子の事実を理解するであろうと思われがちですが、多くの場合、逆であって、その推測（期待）は外れることになるでしょう。

困難な様子を目の当たりにすることは、親にしてみれば、つらさ以外のなにものでもありません。だからこそ、上手にできないまでもできないなりに、先生やみんなと一緒に笑顔を見せているわが子を眺められれば、ほっとしたうれしい気持ちになれるのです。それを自然にありのままに見せてくれる先生や園に対して信頼を寄せるのです。

実は、口に出せない不安や心配を一番抱えているのは、親（保護者）自身なのです。

④気になる子も含めて全体が育ち合う関係をつくる保育とは？

保育の目指すところでもあります。一つの園に在籍するすべての、一人ひとりの子どもの成長と発達を願いながら保育を実現していくことが重要です。

園内保育者全員の意識を持ち上げていくことが、ポイントとなります。ともするとクラス単位での保育に流れがちですが、一人の保育者が園の子どもたち全員の「育ち（発達）」に目線を持つことが望まれます。

そのために必要なことは、例えば、園内保育勉強（研修）会、ケース会議、職員参加の保護者会、保護者向け勉強（講演）会などを実践していくことが有効な方法です。つまり、保育（教育）職員全員が共通認識を持つことがポイントになります。これらのベースの上に、園内保育目標の設定、園内で共有すべき実践課題の設定、保護者参加型行事などが求められます。

■保護者との連携に向けて

これまで述べてきたように、保育園や幼稚園で、障がいを抱える子どもを保育する保育者は、保護者との関係をよりよく保っていくことが求められます。前項で取り上げた「保護者支援の5つのポイント」とも重なるのですが、さまざまな場面において、少なくとも以下のことは忘れないようにしたいものです。

・**信頼関係の構築**

何と言っても、信頼関係づくりは大切です。そのためには、親の素直な思いや願いに耳を傾けることが重要です。例えば、年度当初に希望シートを配布し、園生活への期待や不安も含めて、子どもに身につけてほしいことなどを書き入れてもらうようにすることも方法です。

その親の願いや希望を子どもの保育目標に幾つか具体的に取り入れて、それをもとに初期（初回）面談を持ち、指導目標として了承と理解を得ることは、むしろ親にとっては素直に安心感につながることになるのです。

・**定期面談の実施**

しばしば、定期面談の際に、子どもの気になる問題を取り上げて、話がこじれてトラブルになることがあります。

まずは、自分の見解や問題意識をわかってもらおうと焦らないことです。「親に伝えなければ」と思うほど不自然な構えが作られて、親からすれば、いきなりわが子の問題を話題にされることになります。これはむしろ信頼を損ねるリスクを含んでいます。

親側から子どもに関する悩みや相談があったならば話し合う必要はありますが、しかし園側からの働きかけが先行する場合は、少なくとも園側の方針や対策をきちんと話せるように準備しておく配慮が望まれます。例えば、乱暴行動が目立っているのであれば、「その場合は○○して、△△するようにしたいと思います」と具体的な対応を話せるようにしておくことです。その上で、「心配しなくても大丈夫であること」「みんなと楽しく仲よく過ごせるように保育していきたいこと」を忘れずに付け加えることが大切です。

仮に、伝えたかったことを話し合えなかったとしても、「今回は伝わらなくてもＯＫ！」というぐらいの気持ちが大切なのです。

・目標を掲げて話し合いを持つ

発達障がいを抱える子どもの中には運動会や発表会などへの参加がかなり困難な子どもがいます。行事などに関する話し合いは大切にしましょう。

行事などを目標にして、早い時期から話し合いを持つことが望まれます。少しでも参加できる工夫や方法を話し合うことは、親にとっては安心のよりどころとなります。

親の中には、みんなと一緒に参加させたくても、子どもに困難性が高ければ「無理してまで」は望んでいない親もいます。当日は「休ませます」と言ってくる親もいるほどです。みんなと一緒に参加しても、逸脱ばかりが目立って、常に大人の手を借りてまでの参加は望んでいない、という気持ちになってしまうこともあるのです。介助の手は、どうすれば最小限にできるかということも考え、工夫したいポイントです。園側の参加するための困難性回避の工夫や方法の話し合いを通して、了解を得て、早期から練習に入ることも方法の一つです。

また、例えば、友達関係や身辺処理指導などの進め方においても、保護者との連携は重要です。前述したとおり、子どもどうしのトラブルなどへの職員の介入・指導方法、子ども間の関係調整、かかわりづくりなどに関して、信頼関係に基づく話し合いは大切にしなければなりません。

そうした際に目標を掲げながら話し合いを持つことは、理解をスムーズにさせるポイントになります。例えば、「○○月の運動会（あるいは発表会など）の実施に向けて」「○○歳児クラスへの進級に向けて」「就学（小学校生活）に向けて」など。きちんと目標を掲げることによって、イメージがより具体的になり、わかりやすくなります。

・指示より支持

経験豊かな保育者は、確かに子どもの育ちには詳しくなります。同様に、障がいを持つ子どもの保育経験が豊富な先生も、障がい、あるいは障がい周辺のことには慣れて詳しくなります。頼もしくはあるのですが、時として、知っているがゆえに、言葉かけや助言がやや指示的になることがあります。これは意識して気をつけなければなりません。

若い保護者の多くは子育てが初めてです。まして、そこに障がい問題が伴っているとすれば、初めてづくしの中で、どれほどの混乱や不安を余儀なくされているか計り知れません。

「ああしたほうがいい、こうしたほうがいい」の指示ではなく、まずは寄り添っていくことが望まれます。母親が示す不安には、「じゃ、○○してみましょうか」「一緒にやっていきましょう」といった、親の気持ちに沿う表現が望まれます。言い換えれば、母親の気持ちを支え持つ「支持」です。

園生活も障がいも含めて、子育てから子どもを預けることまで親にとって、すべて初めてのこと、その「初めての気持ちに沿う」ことが大切なのです。穏やかに信頼関係を構築していくことにつながっていきます。

・フィードバック

子どもは時間経過に従って必ず成長を見せてくれます。その成長を具体的に取り上げて、親と一緒に喜ぶことを大切にしましょう。そして、子どもだけではなく、親の変化・成長を言葉で伝えて、親を認め、ほめていくことも忘れないようにしましょう。

■忘れてはいけない2つのこと

・保護者を不安にさせない

保育や教育に携わる先生方の何気ない一言や子どもへの向き合い方、視点が、保護者の気持ちに微妙に作用することがあります。「支援する立場」と「親としての立場」、立場は違えども子育ては互いの共有課題です。まずは、保護者の心配や不安に寄り添っていく気持ちを大切にする保育を忘れないことが大切です。

・発達障がいを理解した支援

しばしば、保護者から幾つも同じような質問が寄せられることがあります。それは、「どうして今の学校教育は、〝目指せ健常児！〟なのか？　うちの子は障がいを持っているのです」です。この質問（訴え）は、教育現場のみならず保育現場も含めた子どもを預かるすべての現場に向けられている質問でしょう。

発達障がいを理解することは簡単ではありません。研修会、講演会、専門書などでいったん理解した気持ちになっても、いつの間にか、「目指せ○○○！」になってしまうものです。

世の中の風向きがそうであるように、ともすると「目指せ隣のAさん（君）！」「目指せお友達と同じに！」、そして「目指せ健常児！」と、気がつけば、いつの間にかそうなっていることがあります。それぞれの考え方と言ってしまえばそれまでですが、しかし、これほど差別的なことはありません。

一部の人道主義的、博愛主義的な表現に見受けられるような「人間はみな同じ」という正論の旗を掲げる数行には、どこか共鳴できない違和感を覚えてしまうのです。「みな同じ」はやがて、「なぜ、（みなと）同じにできないの？」につながっていく現実が、数えきれないほど繰り返されてきたからです。

発達障がいは生来性のものであり、現在の最先端科学をもってしてもまだまだ解明が不十分なのです。仮に、ただただ「目指せ健常児！」の合言葉で、子どもたちの指導を実施した場合、どれほどの混乱と悲惨な現実が待ち受けているか、想像に難くありません。

であるからこそ、現時点で持ち得るかぎりの方法で、発達支援保育、そして特別支援教育を実現し、進化させていく必要があるのです。

場面によっては、区別する考え方も必要になるでしょう。それは、言い換えれば配慮することです。例えば、他児と同じ言い方（文章）では理解困難な場合、その子どもに理解しやすい言い方や具体的方法を工夫して教えていく必要があります。何もかも他児と同じ方法では、困難なことが必ず出現します。

生きていくために必要不可欠な大切なことを指導すること、獲得が難しい日常生活のハードルを乗り越えていくためには工夫が必要なのです。方法として進めていく上では、言うまでもなく差別があってはなりませんが、指導スキルとしての区別（違う手続き）を取り入れていく配慮が必要なのです。

■保育しながらともに歩む

発達障がいの完治は、現時点では困難です。しかし、一人ひとりの子どもたちは、学びながら発達・成長することはできます。一人ひとりの存在は、みんな一緒に生きていくためにあるのです。援助を必要とする「親と子ども」が、今この瞬間にも誕生しています。そして、その親子を受け入れ、保育という支援業務の中で手探りしながら子育ての道筋をともに歩もうとしている保育者・教育者のがんばりが、そのかたわらにいつもあります。雨の日も風の日も変わることのない元気な笑顔が、両者の大切なキーワードになり、未来へと続いています。

幼児期から学童期へ、そして青年期へと支援の連携をつなぎながら、発達課題を持つ子どもたち一人ひとりと向き合っていく道筋が、発達支援保育です。しかし、それは決して障がいを持つ子どもにのみ向けられたものではなく、障がいの有無を超えて、すべての子どもたちを包み込むものとして大切にされなければならないものであると考えます。

これからも、子どもたち一人ひとりが、自分の人生を、できる限り自分の力で生きていけるように、明日が見えるように、乳幼児期の発達支援保育が、すべての子どもとともに歩いていく道のりであることを願っています。

進路を考える

■専門の療育機関とは

障がいを抱える幼児だけを専門的に指導する通園型施設（専門療育機関）があります。周知のとおり、療育とは「治療教育」を意味していますが、ここでは、療育を、「治療&教育・保育」として話を進めていきます。事業としての細かな位置づけや内容については、地域によっても若干の違いがありますので、ここでは簡単な案内程度にしておきます。

よく見受けられる運営内容としては、幼稚園によく似ています。おおむね午前9時過ぎから取り組みが始まって、昼食後に帰りのお支度をして、「帰り（さよなら）の会」をやって終了となります。取り組み内容は、小集団活動と専門個別指導（心理・言語・OT・PTなど）に分かれています。例えば、小集団活動の内容は、朝のお支度、自由遊び、あいさつ（朝とお帰り）、歌や楽器、手遊び系、パネル系、ペープサート系、紙芝居や絵本の読み聞かせ、運動遊び（コーディネーショントレーニング系）、ダンスなどの模倣、製作系（シール貼り・お絵かき・のり・はさみ・クレヨン、粘土など）、感触遊びなどです。ここに日々繰り返される身辺処理指導（手洗い・うがい、準備、片づけ、お着替え、排泄、食事、移動など）が加わって、一日の取り組みが構成されています。

対象とする年齢は、２歳児（年少の1年前）あたりから年長（就学前）までが、幼児通園の一般的な様式です。

■医療・教育・福祉の連携

子どもの抱える障がいに合わせた専門的な指導や訓練は重要ですが、幼児期の子どもの親にとって、「どこに問い合わせればよいのか」「何から始めればよいのか」など、すべて初めてづくしです。そんな状況であればあるほど、よりよい情報をスムーズに手にすることはなかなか難しいものですが、子どもの成長と発達を願って心理士や言語聴覚士（ＳＴ）の個別指導（あるいは小集団指導）、理学療法士（ＰＴ）や作業療法士（ＯＴ）の機能訓練などを利用する親は増える一方です。

一般的には、公的なものと民間のものとに分かれていますが、さらに医療系、福祉系、教育系に広がっています。最近は発達課題を持つ子どもの増加傾向に伴い、いずれの地域においても、希望者の増加によって、通所頻度の減少や待機を余儀なくされることが少なくありません。

障がい児の数が年々増えているといわれている近年において、医療、教育、福祉、そして関連団体も含めて、ますます相互の連携が重要になってきています(図12)。

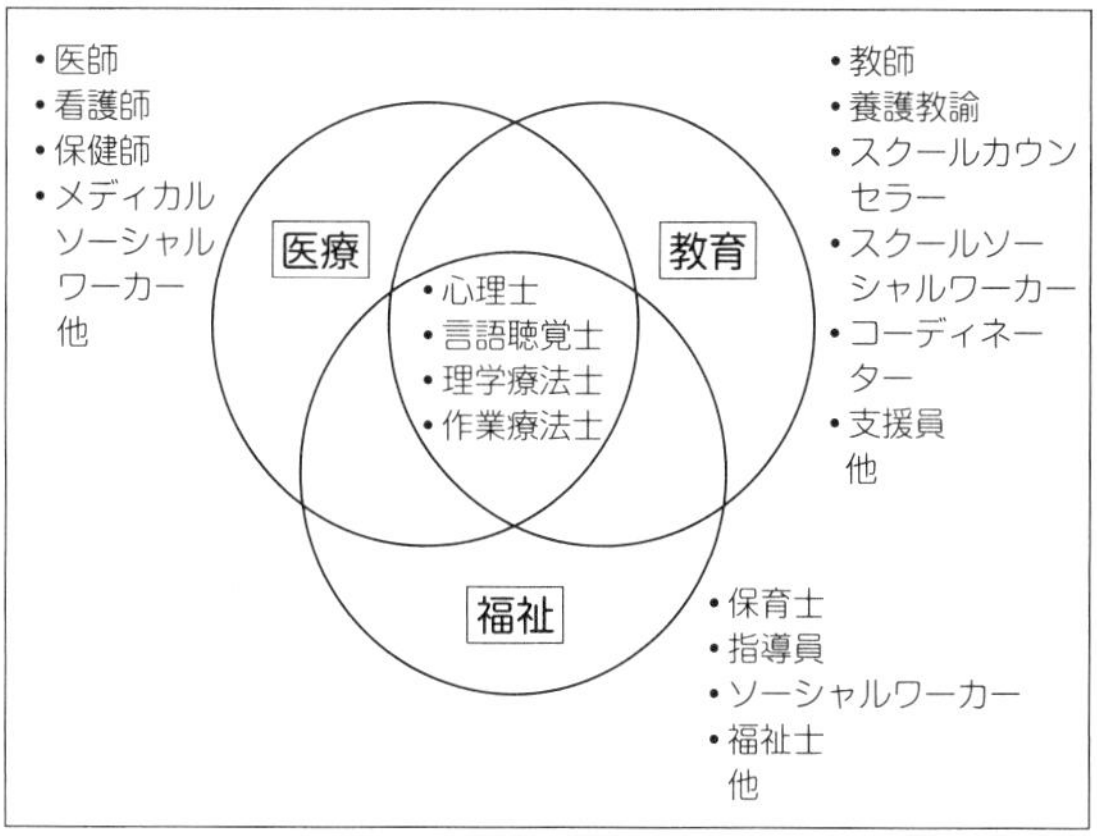

図12　医療・教育・福祉の連携

■就学について

例えば、東京都では、区市町村教育委員会の就学指導委員会において、就学相談を実施し、保護者の意思確認を行うという手続きをとっています。障がいの種類や障がい度の重軽によってもその実施方法に若干の違いはありますが、地域の教育センターなどで相談を受け付けています。

一般的には、発達検査、医療診断、行動（集団）観察の3段階を経て、相談が実施されますが、その結果によって、助言としての進路先も変わってくるため、強制ではないにしても、保護者にとってはかなりナーバスになります（図13）。

入学先の小学校に幼児期の子どもの情報を手渡すために、就学支援シートがあります。

あくまでも、親（保護者）の希望と了承のもとに作成され、小学校に提出されます。強制や義務ではありません。在籍していた保育園や幼稚園、あるいは利用していた療育機関などで保護者と職員とで記入し、作成される形が一般的になっています。

■進路選択

就学進路先は、以下の3つに代表されます。

①通常学級

いわゆる地域の学校にある普通学級です。

通常学級に在籍する児童が、例えば週1～2回特定の学級に通って特別支援教育の指導を受けることができる通級システムがあります。情緒障がい学

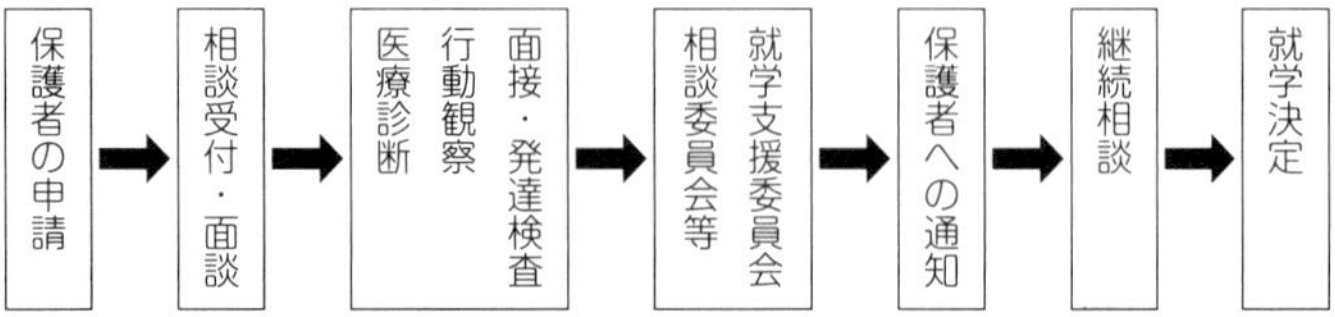

図13　一般的な就学相談の流れ

級、言語学級（きこえとことばの教室）、弱視学級などが知られています。

しかし問題もあります。授業を定期的に抜けることになるため在籍校での学習にムラが生じやすい、友達関係も育まれにくいなどです。現在は、特別支援教室という名称で新しい取り組みが導入されています。子どもが通うのではなく、特別支援教員が対象となる子どもが在籍する各学校へ出向く形態です。

②特別支援学級

従来、心身障がい学級や特殊学級と呼ばれていた学級です。現在は固定学級とも呼ばれています。

③特別支援学校

従来、養護学校と呼ばれていた学校です。盲、ろう、肢体不自由、知的障がいの4つの専門に分かれています。

就学は小学部だけではありません。中等部、高等部へと続いています。将来、社会へとつながっていく道筋をきちんと整備していくことがさらに望まれます。

概略すれば、就学進路は図14のようになります。ここでは、肢体不自由、知的障がいの二つで表しています。主に抱える障がいの種類や障がい度の重軽によっても変わるため一概には言えませんが、特別支援学校には、比較的障がいの重い児童が集まってきます。一方、軽度発達障がい＊といわれる範囲の児童は、通常学級への進路選択が増えています。

知的な発達的課題を抱えている場合は、就学相談時に行われる発達検査（主に知能検査）の結果でおよそ判定（判断）されています。判定基準としては、行動水準評価と知能検査結果の数値を３段階に分けて判断されます。おおむね以下のようです。

- 通常（ＩＱが70以上）は通常学級判定
- 軽度（おおよそＩＱが50～70）は特別支援学級
- 中等度～重度（おおよそＩＱが50以下）は特別支援学校

という判定基準となっています。

しかし、これはあくまでも作業手続きであり、進路選択の主たる決定基準は、保護者の考えや思いを最重要視することと、教育委員会と保護者との話し合いに基づいています。

＊最近の傾向として「軽度発達障がい」という表現は使用されなくなってきています。

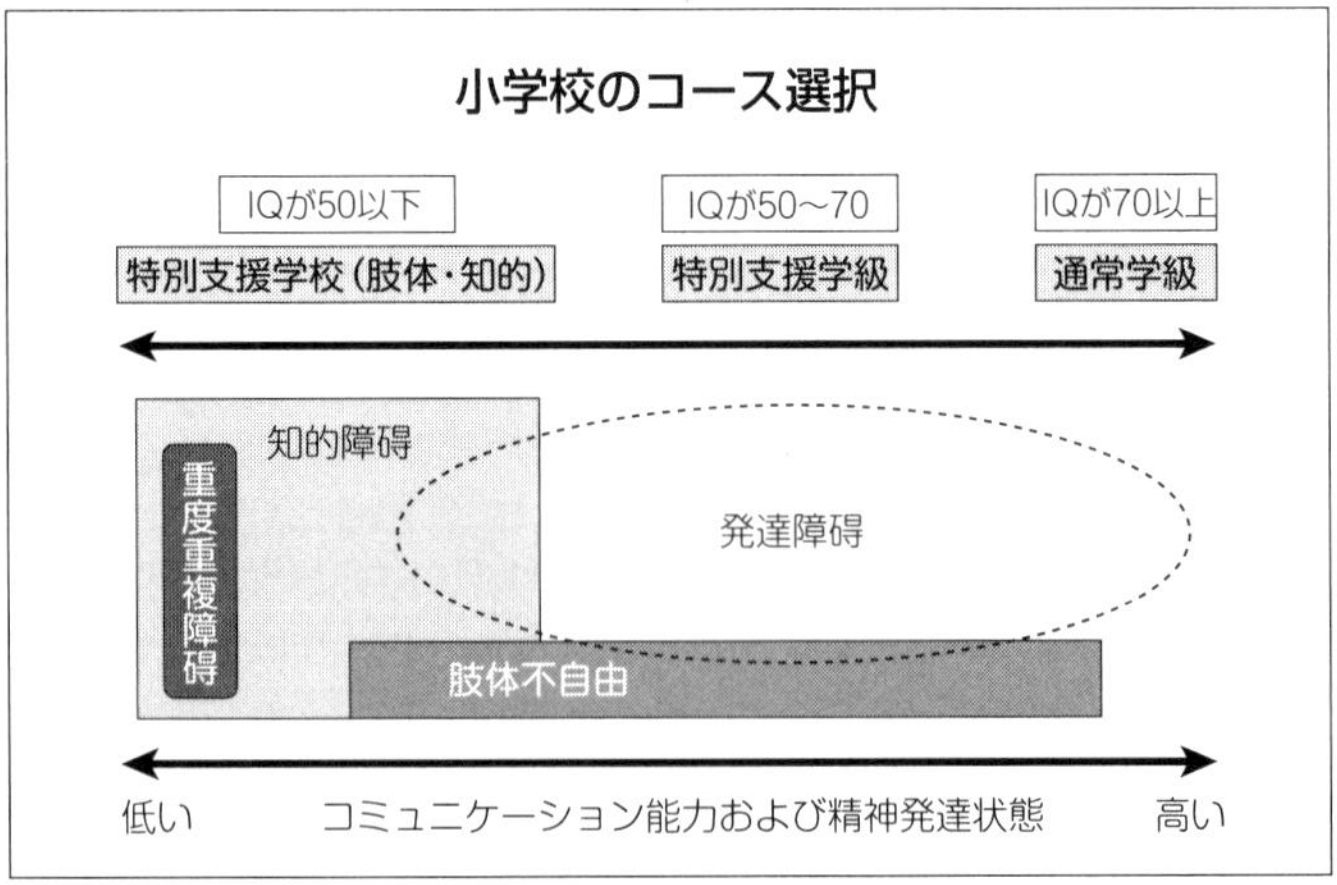

図14　就学進路

■学校生活はどのように

振り返れば、２００２年度に文科省から公立の小・中学校に在籍する子ども６・３％に発達障がいも含めて何らかの課題が見られるという発表がありました。そして、２０１２年度に文科省から新しい数字６・５％が発表されました。

この10年間、公立の小・中学校において、発達障がいを含めて何らかの発達的課題を持っていると思われる子どもの総数は減っていませんでした。むしろ、わずかながら増えているという結果でした。今後さらに増えていくことが予想される、という見解を示している専門家は少なくありません。

現場に出入りしている目線の印象では、何らかの発達課題、あるいは発達障がいを抱える子どもが見せるさまざまな実態と付随する指導困難性、さらに保護者対応の難しさに関しても、教育現場からの訴え、相談は絶えない日常の実際があります。以下のようにまとめてみました。

①集団生活への適応困難

基本的な生活習慣が身についていない事実です。

例えば、排泄、食事、衣服の着脱、ものの管理などがうまくできない。集団で遵守しなければならないルールや規律が守れず逸脱しやすい。ちょっとしたことに過剰反応して大騒ぎになったりする。我慢ができずトラブルになる耐性の低さ。一日の見通しが持てない。いわゆる全般的な自己管理ができないなど。

②対人関係困難

相手との言語的・非言語的コミュニケーションがうまくできないため、孤立しやすい。物事の善悪の判断がよくわからないため、チグハグな言動になりやすい。状況や場をうまくとらえることができず自己中心的な行動に走りやすいなど。

③学習困難

勉強（教科学習）の基本的な理解ができず、徐々に学習が遅れていく。それに伴って意欲の低下が始まり、学校や学習から逃避的になっていく。

学習困難の例

- 集中持続困難。
- 書き写す（ノートする）ことが困難。
- 授業（内容）の理解が困難。
- 「何がわからないのか」がわからない。
- 尋ねることができない。
- 文章のストーリー、意図や背景が理解できない。
- 設問の意味がわからない。
- 作文が苦手。

- 概念理解、カテゴリー化が困難。
- 理解できたことが次につながらない。

その他

④問題行動の頻発

ともするとストレスや欲求不満から乱暴行動が頻発し、興奮、パニック行動、奇声、突発的行動、拒否、逃避、登校しぶり、不登校などにつながりやすいなど。

⑤保護者対応困難

学校側と保護者側双方の関係性やコミュニケーションがうまく図れず何らかの誤解が生じ、互いに悩みながらも信頼関係のゆらぎを余儀なくされ、やがて相互不信状態になり、出口のない迷路状態に陥っていくなど。

■現場教師の願いと思い

特別支援教育などの講演会や研修会に参加した教職員（幼・小・中・高）から、今後へ向けた自分たちのあり方について、前向きな考えや意見も多数聞かれます。以下は、その声の一部抜粋です。

「支援を要する児童が社会に出て生活できるように支援をしたい。そのためにも保護者、関係機関と連携をしてみんなで共通理解していくことが今後の課題である」

「発達障がいがどのようなものであるのか、きちんと教師自身が知ること。学校全体で向き合っていく必要がある」

「日々の業務に追われて勉強する時間が取れないが、本当の意味で『子どもを知る』ために自らの姿勢から見直していかなければならない」

「私たち教員は集団として子どもを見てしまい、集団に適応できないことを『問題』としてとらえがちである。児童理解をもっと深く行い、指導法を学んでいく必要がある」

「私たち教師は児童を過去の例に当てはめてとらえ、対応しがちである。過去ではなく未来に向けて、親とともに考えていく教師の姿が求められる」

「支援が必要な人が本当の意味で社会参加できる社会を目指し、ゆとりを持って生きる教育へと進化したい」

「社会的にもまだまだ障がいのある子の理解はできていないと思うが、特別支援教育を通して『共に生きる』ことができる社会になるよう教師一人ひとりが理解と努力をしていければよい」

現場の先生方のメッセージに見られるように、この問題を共有して、さらに先へと歩みを進めていくためには何が必要なのか、これからも協働しながら実際に導入できる具体的手法や取り組みを模索していかなければならない。

私たち大人には、その責任があるのです。

第Ⅵ章

77の事例　Q＆A

発達障がいを抱える子どもの生活上の指導は、親をはじめ支援する人たちをしばしば悩ませるものです。ここでは、寄せられた質問に対して答えながら、対処法や考え方、とらえ方などを検討していくことにしましょう。質問は過去に目立って多かったものを整理して掲載します。質問者はすべて保護者、保育士、幼稚園教諭、療育関係者です。

ただし、個々の抱える問題性には違いがあります。すべての悩みに、必ずしも「期待する効果や結果が確実にもたらされる」とまでは断言できませんが、筆者がかかわっている臨床現場からの数々の実践からの振り返りです。

一人の子どもの成長・発達の過程において、身近な人とのかかわりが重要であることは言うまでもありません。あらためて、幼児期から学童期における、さまざまな場面での具体的な支援の方法を取り上げてみたいと思います。

生活と習慣

《靴履き》

Q 靴を履くときなど、靴を見ようとせず集中できません。何か方法がありますか？

（2・3歳児）

A 子どもの注意をコントロールしましょう。まず、周囲に気になるもの、目を奪われるようなものがないか、チェックしましょう。そのようなものを置かない（少なくする）工夫が大切です。

子どもの目の前に広がっている視界をやや制限することが必要な場合もあります。子どもの注意が奪われないように遊具や園庭、外景が視界に入らないよう大人の体で遮断することも方法です。子どもの隣ではなく、前面で援助すれば容易です。

靴は、デザインのシンプルなもの（例えば、ズックタイプなど）から始めると簡単です。面ファスナータイプの靴は、デザインによっては難易度が高いので、後にしたほうがよいかもしれません（使うなら、より簡単なデザインがよいです）。

ズックタイプであれば、かかと部分にひもリングをつけて自分で引っ張らせるように教えていきます。最初のポイントは指先にひもをかけて引っ張るとき、痛くない程度の圧迫感を感じるように手を添えて教えていくことです。やがて靴をチラチラ見るようになれば第一段階クリアです。簡易な面ファスナータイプでも1回で手操作がすむように工夫して教えて、履けたらほめましょう。

同時に、靴を履いたら、楽しいことに向かえるようにします。

例えば、子どもの前面を遮断していた大人自身の体を動かして視界が広がるようにする、さらに声かけして、あるいはドアが開いて外が見えるようにする、ボールや三輪車などの遊具が目に入るように視界を切り替えるなどが、ポイントです。靴が履けたら魅力的な世界が目に入る、という一貫した流れを作りましょう。

幼稚園や保育園などでは、靴履き行動は、外遊び時にテラスなどで園庭に向かう形で繰り返されることが多くなりますが、その際、すでに子どもの視界は眼前に広がっており、目に入る刺激が多いために靴履き行動に集中ができにくい状況になっていることに注意する必要があります。

簡単な方法としては、靴履き行動が終わるまで、先生が刺激をコントロールするとよいでしょう。

前述のように、先生の身体を子どもの前に置いて眼前の風景を遮ることも方法です。

靴が履けたら、先生が自分の身体を横に動かせば、子どもにとっては眼前に好きな世界が広がる、ということになります。靴が履けた直後に楽しく遊べることが望ましい流れになります。

《手つなぎ》

Q ① 買い物に行くときはちゃんと手をつないでいくのですが、帰るときになると嫌がり、つないでいる手をほどこうとします。どうすれば手をほどかずに歩けるのでしょうか？（3・4歳児）

A 「手つなぎ」の課題ですが、手をつなぐとき、大人のほうに、子どもが動いてしまうという気持ちがあって、ともするとギュッと力強く握ってしまいがちです。これを子どもは嫌がることが少なくありません。
また、「立って」と手を引っ張り上げられるの

を嫌がる子ども少なくありません。引っ張られる感覚を嫌がるからです。子どもの手を握るときの力加減を意識することがポイントです。ただし、危険なときなど、必要な場面は例外です。

この場合、どうやら、行くときは手をつなぐことができているようですが、これは母の様子（服装や持ち物）を見て、買い物に行くという予測（見通し）を持っているからかもしれません。いつもの見通しがついているから手を握るのでしょう。どこに行くかなど目的や見通しがついているときには、素直に手をつないできます。

反面、帰りは見通しが持ちにくく楽しいところから去りたくないという気持ちもあって、拒否的に抵抗することが多くなるのです。

したがって、帰り道も見通しを持たせることができればよいわけです。自分の好きなものが入った袋を片手に持たせる（もう一方の手はつなぐ）とか、帰り道の道すがらの予定を作る（例えば、自動販売機で好きな飲み物を買って、帰ってから飲むなど）。その予定を手つなぎ行動にプラスしていくことも方法の一つです。

幼児期の手つなぎの理想は、「おててつなぐよ（つなごう）」の声かけに、（大人の手に対して）子どもから手を出してきてつなぐようになることです。日々、言葉かけとともに手つなぎ練習をしていくことも方法です。

また、危険なときは、手を引っ張るよりも、体を押さえて知らせることが望ましいです。手を引っ張ると、嫌がってそれから逃げようとして、子どもが抵抗するので余計に危険です。気をつけましょう。

Q ② 車道に飛び出しそうになることがあり、怖いときがあります。「手をつなぐよ！」と言ってつなごうとしても、私の手をはらって行ってしまいます。どのようにするのがよいのでしょうか？（3・4歳児）

A 突然車道に飛び出すという危険な行動は止めなければなりません。しかし、ともすると子どもの手を強く引いてしまうことになります。前述したように、子どもの体を押さえて止めることが効果的です。とくに危険な突発的場面では、とっさの素早い対応が必要です。

手をつなぐときは、「手をつなぐよ」「おてて」というフレーズを繰り返し伝えて、手をつないでいきます。家族の中でフレーズを統一して、相手によってまちまちにならないようにすることが望まれます。

子どもは車など動くものに興味があります。歩道や道路を、手をつないで歩くときは、車道側に大人が立つのが原則です。車道側と反対側にあるものに興味を持たせるように大人が話しかけながら誘導する工夫で、子どもも楽しく歩けます。

幼児期は、手をつないで歩くことがテーマですが、逆に学童期からは手をつながずに歩くことがテーマとなってきます。しかし幼児期の今は、しっかりと手をつないで歩くことができるようになることが望まれます。

《片づけ》

Q おもちゃを次から次へと出して遊びます。「片づけてから次のおもちゃを出しなさい」と注意をすると「わーっ！」と泣き、大声を出します。遊び終わっても片づけをしません。うまく片づけができる方法を教えてください。（3・4歳児）

A　この場合、「○○してから次の△△」という表現で伝えることは、今の段階では難しいでしょう。

具体的に、片づけ行動とはどうしたらよいのかを伝えていく工夫が必要です。家の中の設定（構造）を変えて、片づけ行動をわかりやすくしていきましょう。例えば、おもちゃを全部一つの箱に入れるというやり方でもよいし、種類別に箱に入れるというやり方でもよいでしょう。種類別にする場合には、その箱に入れる「おもちゃの写真」をつけておくと、わかりやすいです。

おもちゃの数量に比例して、発達が促進されるというのは必ずしも正解ではありません。おもちゃは数量ではないのです。むしろ多いと片づけが大変になるだけです。あまり遊ばないおもちゃは片づけておく（出しておかない）ことです。

「片づけ」のポイントは、「何を」「どこに」「どれだけ」「どうすればよいか」なのです。それを教えていくために、子どもがわかりやすい（学びやすい）状況を作ってあげることが大切です。

次の段階は、ものの入れ方です。ガチャガチャとおもちゃを投げ入れる子どもに対して、「そっと入れなさい」と伝えることも必要になってきます。

しかしこの「そっと」を教えることが、なかなか難しいものです。子どもと一緒になって、そっとおもちゃを入れる動作を教えていきましょう。ポイントはほめながら、手を取りながら、行動として教えていくことです。

中には何回か言ってわからないと、イラついて不適切な行動をとってしまう大人がいます。厳しく教えたほうがよいと考える人もいますが、これは正解ではありません。むしろ真逆の行為と言えます。

例えば、生命にかかわる行為が見られる場合（事故遭遇やとても危険な行為を繰り返しやろうとしているときなど）は、やや厳しくするのはやむを得ないこともあるかもしれません。

しかし、罰刺激を繰り返していると、子どもがストレスを抱えたり、反抗的にパニックを起こしやすくなったりして、情緒不安定になってしまうことが多いのです。

さらに、罰に慣れてしまうと、大人側がどんどんエスカレートしてしまうことも事実です。

焦らず、淡々と指導を繰り返しながら、子どもには正しい行動を学んでもらうことが望まれます。

《排泄》

Q ① オムツがなかなか外れません。オムツでも尿意を感じて教えることはできるようになってきたのですが、最近は布パンツをはくことを嫌がるようになってきました。また毎日排便する子どもでしたが、布パンツをはくようにした頃から、なかなかうんちが出なくなってきました。

どのようにトイレトレーニングを進めていけばよいでしょうか？（3・4歳児）

A まず、子どもの排尿と排便の間隔（時間）をつかむことが大切です。

オムツと布パンツは身体（皮膚）感覚が違ってくるので、教えてくれるようになった今なら、オムツと布パンツを交互に使うより、日中は布パンツに切り替えたほうがよいでしょう。

加えて、トイレに入ることに抵抗をなくし、一定時間便座に座ることができるようにしていくことも必要です。排尿間隔と排尿告知を基準にして、トイレへ誘導するようにしていきます。うまく排尿できたら、たくさんほめてください。

排便は身体の筋肉の使い方の違いも関係してきます。紙パンツの中に立って排便していた子は、トイレに座っての排便は、使う筋肉が違うためにうまくできなくなることがあります。ガラッと変えるのではなく、まず便座に座るところから挑戦していきましょう。また、オムツで排便することとトイレで排便することの身体（皮膚）感覚の違いから、自分でうんちを止めている可能性もあります。

便の具合によってもうまくいかないことがあります。硬便や便秘傾向になっていないかチェックして、水分と繊維質を摂っていくようにする必要があるかもしれません。

快適に経験できることが大事なので、便座へも座りやすくなるように足台やつかまるものを用意したりすることも大切な条件となります。

また、座れたら事後に水を流すなど、子どもが喜ぶことを、その後にごほうびとして設定していくこともポイントです。うまく排便できたらたくさんほめてください。

Q ② 自分でトイレに行き排尿することができるようになりましたが、今度はぎりぎりまで我慢するようになり、便器に立つ前に漏らしてしまいます。どうすればよいでしょうか。（3・4歳児）

A 3歳あたりは、個人差はあるものの、まだ自分自身の排尿感覚や膀胱《ぼうこう》にオシッコがたまっている感覚がよくつかめないことがあるようです。

この子の場合は、自分で便器の前に立つことができるようになっており、排泄技術はほどよく身についているようですが、まだコントロールまではできていない状態です。とくに、遊びに夢中になっていたりすると、間に合わず漏らしてしまう子どもは多いです。

タイミングとしては、日中は布パンツにしたほうがよいかもしれません。漏らしたら、身体（皮膚）感覚で気持ち悪さを感じることも練習になります。

再度、大人が声をかけてトイレを促すなどしてあげるところから始めてみてもよいのではないかと思います。漏らさず排尿ができたら、たくさんほめてください。ちょっと後戻りすることになりますが、焦らずに進めていくことが望まれます。

《偏食》

Q **① 野菜や果物は見た目、食感で食べてくれません。野菜は工夫して料理をしても食べなくなり、ご飯と魚ならば、こんなに食べるの？と思うほど食べます。偏りのままでよいのか、悩みます。（3・4歳児）**

A 発達に課題を持つ子どもの中には、偏食傾向を持つ子は少なくありません。決まった食材に固執して他のものはいっさい、見た目で拒否することもあります。また、単なる食わず嫌いの子もいます。健康に直結しているだけに気になるものです。かといって強制的に食べさせることもできません。

深刻に悩んでいるだけでは解決しません。やはり健康維持という視点で考えていきましょう。そのためには、栄養素で何が摂れていないかを検討していくことが大切です。摂れていない栄養素を把握して、それを別な食品などで補うようにして

いくことは工夫の一つです。例えば、野菜はカレーやシチューなどにして他の食材に混ぜ込むなどです。味付けも重要なヒントになります。魚風味が好きなら、魚風味のふりかけやソースなどを活用してみることもよいでしょう。また、好きな調味料を味付けに使っていくことも方法です。

偏食のピークは幼児期から小学校低学年までに集中していることが多いようです。偏食を見せる時期は、積極的に形・色・味付け・舌触り・やわらかさ（かたさ）などをアレンジしていくことで、その時期をクリアすることがポイントです。

成長に伴って食の幅が広がってくることが多く見受けられますので、焦らずアイデアをきかせてください。

食事を促すために、上手なかけひき的方法を使っていくことも、時には有効です。例えば、苦手なものを一口食べてから好きなものを食べる習慣作りも方法です。幼稚園や保育園などで、毎回苦手なものにトライしながら周囲からたくさんほめられて偏食が改善した子どもは数えきれません。

Q ②　**偏食がひどくて困っています。嫌いなものを食べたら、好きなものをあげるといった交渉を始めると、食事そのものを放棄してしまいます。また、形状や見た目で、食べるものを決めているので、同じ食材でも食べたり食べなかったりします。**

家庭では親に甘えられる環境のため偏食の改善が進まないようにも思えるのですが、「給食」というのはやはり有効なのでしょうか。（3・4歳児）

A　偏食を持つ子に、例えば、保育園などでの給食の有効性は認められます。ただし、偏食問題は深刻度に個人差がありますので、断言はできません。ある程度の改善を見せた例は数えきれません。

特徴としては、給食はメニューにバラエティがあり、反対にお弁当は、食べてほしいという親心からメニューが限定されすぎる傾向があります。

そのため、お弁当の場合は他の食材も加えていくなどの工夫が必要になるでしょう。給食は長い目で見ればいろいろな味わいを経験できる確率が高まるので、長期的には偏食に対する一つの有効な方法と言えます。また、小学校が給食であることを考えれば、就学まで（幼児期のうち）に給食というスタイルに慣れることも大切です。

ポイントとしては、すでに述べたように、栄養の偏りだけには気をつけましょう。

過去の事例ですが、給食をまったく食べずに帰る子どもがいました。この子は家に帰るやいなや、好きなものを食べていました。「家では好きなものが食べられる」と子どもが理解してしまうと、かたくなに給食を拒否することもあるのです。家で好きなものを好きなだけあげるのは改善しなければなりません。

味覚へのこだわり、受け入れ拒否などから食の世界がなかなか広がらないのが幼児期ですが、小学校に入ってから徐々に変わってくることが少なくありません。かなりの偏食だった子どもが高学年では食べすぎるようになることもあるのです。

《食事拒否》

Q **もともと偏食はあったのですが、夏場になって、食べなくなりました。おなかがすいているはずなのに、席に座っても食べません。言葉は出ず、着席しても「んー」とうなってばかりです。（4歳児）**

A 夏場という季節に食欲が落ちることはありますが、他の原因も考えられます。何か納得のいかない状況があるのかもしれません。

例えば、食事までの流れ、食器などがいつもと違う、別なものを食べたがっている、食事よりも飲み物を欲しがっているなど。日常的に気をつけて見ていないと、なかなか気づかないことが原因になっている場合もあります。

ある例では、室内の床の敷物を夏場になって替えたことが原因とわかったこともありました。いつもと違う足裏の違和感が原因で落ち着かず、気持ちは食べたくても、食べられないでいたのです。そこで、今までと同じような感触のタオルを足の下に敷いたら食べ始めたのです。

《遊び・立ち歩き食べ》

Q **①　食事のとき、食べ歩きをします。絵本を持ってきて、「これは○○だよ」と話しかけてきます。自分の知っていることを伝えてくれるのだからほめなくてはいけないと思うのですが、でも、今は食事のときであるということを、どう教えていったらよいのでしょうか？（3・4歳児）**

A　食事のときには、席に着いて（座って）食べるということを一貫して教えていくことが大切です。食事中の立ち歩きは基本的には望ましくありません。

子どもの発達段階やコミュニケーションの水準にもよりますが、この子のようにある程度コミュニケーションが取れる場合は、「絵本は、食べ終わってから」という生活の流れを身につけていくことが大切です。厳しく聞こえるかもしれませんが、それを教えていくことが大切なのです。

また、（理由にもよりますが）食事中に激しいカンシャクを起こしたり、怒ったり騒いだりした場合は、一貫して「食事も絵本もありません」にしてみることも方法です。「いけないことはいけ

ない」ということなのです。これをしっかり教えることが大切です。

子どもの成長を考えた場合、まもなく集団生活に入っていく年齢になるのです。そのときになって幾つかの場面で、自分のやりたいように動き回ることは、その集団から逸脱することを意味しています。個性的行動ではなく、いわば勝手行動と孤立を意味しています。

教えていく当初は、一時的に抵抗が増えることもありますが、一貫して続けていけば子どもは徐々に理解します。そのかわり、ごちそうさまをした後は楽しく一緒に絵本を見るといった、かかわりの約束遵守が大切です。言い換えれば、これも生活の見通しを身につけるための重要な方法となるのです。

Q ② 食事中に着席していられず、立ち歩いてしまいます。座らせると食べないことが多いので、遊んでいる子どもを追いかけ、口に入れ、食べさせています。どうしたらよいでしょうか。（2・3歳児）

A 着席習慣を身につけるためには、追いかけて食べさせることをやめることです。そして着席することを教えていきましょう。

習慣は毎日の繰り返しで身についていくのです。したがって、歩きながら食べている（歩いていながら食べ物が口に入ってくる）毎日は、それが当たり前になってしまうかもしれません。その結果、望ましくない習慣が身につくということになりかねません。

着席習慣は、子どもが好きなこと、例えば、おもちゃ、絵本などを机上にて着席して親しむようにすることで、自然に身についてきます。つまり習慣になるのです。ちょうど保育園や幼稚園生活を想像すると、わかりやすいでしょう。入園後しばらく経過すると、子どもはちゃんと着席するようになります。習慣とは毎日の繰り返しであるゆえんです。

まずは好きな食品から始めます。「座って」「食べるよ」を基本にして、食べる楽しさを共有していきます。「もぐもぐおいしいね」と親も一緒に食べると楽しいです。「いただきます」から「ごちそうさま」までの流れと言葉かけも大切です。

《切り替え困難》

Q **公園などに行ったとき、素直に帰ってくれません。最後は泣く子どもを抱えて帰ることになり、困っています。（4歳児）**

A 子どもにとって遊び慣れた「場」を作ることは大切です。その身近な場所は近所の公園でしょう。しかし例えば、大人の考えで、「昨日はA公園に行ったから、今日はB公園に行こう」と毎日あちこち転々とすることは、幼児期には控えたほうがよいかもしれません。毎日違う公園で遊ぶことになり、慣れることができないのです。同じところで環境に慣れて、楽しく遊べることがよいのです。

当初歩いて15分程度で着く公園を利用するようにして、慣れに応じて、徐々に距離を延ばしていくことも方法です。道を歩き始めたときに「○○公園へ行くのかな」と、子どもにわかるくらいの親しみやすい道を歩くことが望まれます。

子どもはいつもと違う道、違う景色に気持ちが不安になることがあります。新しい道への抵抗を見せることは珍しくありません。回数を繰り返すことで、目的地まで歩く見通しをつけていくことができます。慣れた道で危険に対して注意しながら歩くことも学べます。

さて、ご質問のようにスムーズに帰ることができない場合は、帰り道の目玉行事（例えば、「帰り道にジュースを買う」→「おうちに帰ってから飲む」など）を作ることもよいでしょう。

遊ぶ時間、あるいは帰る時間を決めておくこともポイントです。帰る行動を必ず同じ言葉かけで促すようにします。いろいろな言い方では子ども

の理解が進みません。時間になったら「おしまいだよ」「おうちに帰るよ」「お片づけだよ」などの言葉かけ（一つないし二つ程度）で促すようにしていくことで、子どもにはわかりやすくなります。さらに帰り道の目玉行事があれば、「帰るよ。ジュースだよ」「帰るよ。お片づけするよ。ジュースだよ」というように、毎回わかりやすく声かけしていくことも効果的です。

「○○してから△△だよ」「○○まで□□です」などを教えるチャンスにもなります。家でも「ご飯だよ。手を洗って」の2～3語文指示から、やがて「手を洗ってからご飯を食べるよ」が理解できるように声かけを工夫していきます。その際、視覚的なもの（時計、絵、写真、文字など）を利用しながら繰り返し教えていくことが効果的です。同様にして、「○○まで待っていてね（待っててネ）」など、待つこと（我慢）、順番、行動や気持ちの切り替え、時間予測などがわかるようになっていくことが望まれます。

子どもは言語指示の内容を行動を通して学びます。しかし、あれこれといろいろな言い回し（表現）をせずに、簡単な言葉やフレーズを繰り返し、同じ場面で一貫して使用していくことが指示理解のポイントになります。焦らず教えていくことが望まれます。

例えば、週3回同じ公園へ行く繰り返しによって、スムーズに行き帰りができるようになるまで数か月程度かかることもあります（個人差はありますが）。見通し（次の流れの展開の予想）が持てない段階では、大人の言ったとおりには動いてくれないものです。

《ビデオばかり見ている》

Q　一日中ビデオばかり見ています。やめさせたほうがいいでしょうか？（3・4歳児）

A　そのビデオのストーリーや内容を本人なりに楽しんでいるかどうかを確認することが大切ですが、単純に画面変化の繰り返しを楽しんでいることが少なくありません。

できれば時間の長いビデオは片づけて、1本のDVDやビデオテープは20～30分くらいで終わるように編集することも工夫の一つです。基本的には、時間を決めて見せるようにしましょう。

始まりと終わりがわかりやすいものを選び、見る時間帯を決めて習慣化すると、だらだらと見すぎないですみます。

また、ビデオを見ていないときに、他の遊びに誘ってあげることも大切です。楽しい遊びが他に見つかれば、ビデオをそれほど見ないで過ごせる時間も増えてきます。子どもが好きな遊びは、やはり対人的なかかわり遊びです。

《親としての態度とは》

Q　自分は親に強い態度で育てられたので、自分の子どもには慈愛に満ちた人になってほしいと思って子育てしています。しかし、つい声を荒げたりしてしまうこともあり、どう乗り越えたらいいのでしょうか。（3・4歳児）

A　みなさん同じように悩んでいます。子どもにやさしくありたい、でも何回も同じことをされると、ついついキレてしまうときもあるでしょう。「どうしてそうなの！」と怒鳴りつけてしまう。「いいかげんにしなさい！」と怒ってしまう。

怒ってしまったことを反省しながら、自己嫌悪に陥る。その繰り返しで育児ストレスになっていくのです。これも子育ての一面であり、多くの母親が抱えている共通の悩みでもあるのです。

危険行動や乱暴など、見すごせないこともありますが、「感情的になりやすくなっているのかな」と落ち着いて自分を見直すことが大切です。さほど問題でなければ、気にしないことです。問題性の基準を設定して、子どもと向き合いながら、自己コントロールを練習していきましょう。

子どもの発達を知っている信頼できる相談者を持つことも方法です。育児ストレスで自分自身が追い込まれないようにしてください。

言語・コミュニケーション

《クレーン行動（指さし）》

Q 絵本を見ていると、私の指を使って指さしをしますが、子どもが自分で指さしをするように促したほうがよいでしょうか？

今、3歳で喃語《なんご》が出ています。言葉はまだないのですが、人の手を引っ張り意思表示をします。指さしができるようになるのでしょうか。（3歳児）

A 自分で指さしをするように大人が子どもの指を持って促していくかかわりを増やしてください。

まずは、子どもの好きな絵本や写真などを利用することがよいでしょう。例えば、「これは、でんしゃ」「これは、キリンさん」というように毎回楽しく続けてください。やがて自分から（自発的に）指さすようになってきます。

他者の指さしを見ているままに再現しようとするために、他者の指を使って指さしを再現しようとするのです。いわゆる、クレーン指さしと言えます。機能的には言葉のオウム返しに似ています。加えて、自分のボディイメージ（身体像）の弱さが理由でもあるので、子ども自身が運動や遊びなどを通して自分自身の身体を認識していくことも

大切です。

また、大人が動作を見せることを通して、模倣が促され、経験を重ねながら、指さしが見られるようになってくる子どもも少なくありません。交互に指さししながらものの名前を楽しく言うように進めてください。

《言葉の遅れ》

Q ①　言葉の遅れについてです。よく本には、言われていることを理解していれば、じきに言葉を話すようになる、と書いてあるのですが……。（3歳児）

A　言葉の遅れは、意味理解の問題だけでなく、口の動き（食べる、話す、呼吸や感情機能などの口腔機能）の問題も含まれます。口の機能性の中に「舌」「唇」の動きも含まれます。舌や唇などがうまく動かなければ母音や子音などの「音」が作れません。

また、意味理解の問題では、違う表現をするとわからなくなってしまう子どももいます。例えば、「おててキレイキレイするよ」はわかっても、「手を洗うよ」では行動が取れない、ということになります。

本人が聞き取りやすい言葉かけをすることが大切です。1～2語文程度からスタートしましょう。例えば、「あ、犬だ」「わんわん、いたね」「お花、きれい」などです。

経験を重ねて子どもの力は伸びていきます。

Q ② 言葉の発達の遅れがあります。今後同年代の友達と同じくらいのレベルになるのでしょうか？（2・3歳児）

A 年齢からすれば、引き続き経過を見ていくことになりますが、まずは、現時点での子どもの状況を、検査などを通して判断・把握することが望まれます。一方的な発語ではなく簡単な言葉のキャッチボール（会話）ができているかどうか、（年齢によっては）友達と遊びを共有できているかどうか、などを見ていくことも重要です。

言葉の発達には、対人関係性が大切です。周囲の人に対して、興味や関心をもってかかわろうとする力をつけていけるような場面や環境を作っていく、あるいは選んでいくことが望まれます。そして、周囲の大人の工夫や対応がポイントとなります。

《機能的発語》

Q 言葉は2語文が出始めましたが、使い方が間違っています。例えば、ものを渡すとき、「ありがとう」と言うなど……。（2・3歳児）

A たまたま、言葉の使い方を間違って覚えた状態なら、きちんと教えてあげればすむことですが、それとは違う原因で見られる場合があります。

「相手が自分に使う言葉」と「自分が相手に使う言葉」の区別（理解）がついていないということに起因する場合があります。きわめて重要な発達上の課題として、自分と相手との「関係性の理解」が獲得されにくいという状態です。

この場合、この子が見せている言語行動は「オウム返し反応」となっています。ものの受け渡し場面で「ちょうだい」と「ありがとう」の関係が理解されず、自分が渡したときに、相手の言った「ありがとう」を学んでしまったわけです。幼児期の子どもの中には、この「ちょうだい」「ありがとう」を続けてセットで言うようになる子も少なくありません。意図的にものの受け渡し場面を作って、立場を交替しながらきちんと練習していけば、わかるようになります。

練習としては、会話がオウム返しになってしまう子どもに対し、例えば、「お名前は？」の問いに答えられるように教えていくにはどうするか、で考えてみましょう。

手始めに、「お名前は○○（名前を続ける）」を聞かせて、オウム返しを引き出します。これを定着するまでしばらく繰り返す（数回から数十回）。続いて、「お名前は？」と聞き、子どもが「お名前は○○」を言い出す直前に、子どもの唇を上から指で軽く押さえ、すかさず「○○（名前）」を言って、素早く指を外す。すると「○○（名前）」のオウム返しが再現されます。そのつど、大いにほめます。

このやりとりを数回繰り返し、「お名前は？」に対して、「○○（名前）」という形を強化していきます。

しばらく時間を置いて、再度尋ねてみて、子どもが正しく言えたら、それでクリアとなります。比較的短時間で教えることができる方法の一つです。

しかし、この方法は、すべての子どもに適用できるものではありません。そして自己認識としての自分の名前の理解という意味では、さらに課題がある子どもも少なくないのです。

《周囲からの理解》

Q **兄の友達が遊びに来ますが、弟がしゃべれないので友達がからかいます。来年幼稚園に入園予定で、今は、弟はわかっていないようなのですが、こういうことはどうとらえていったらよいでしょうか？**

A 兄の友達のためにも、ここでしっかり教えることが大切です。からかってはいけないということを教えてください。

最初のきっかけは素直な疑問からだったりします。「何でしゃべらないの？」から始まるのです。その時点でしっかり教えてあげることが大切です。「今はうまくしゃべれないから、勉強しているんだよ。だから教えてあげてね」と促していくことも方法です。友達が理解してくれたら、その友達をしっかりほめることが望まれます。

小学校低学年の仲間関係で面白がってからかいになることがあります。注意しましょう。

《一方的会話》

Q 以前にあったことで楽しかったことをペラペラしゃべります。他に注意を向けさせようとしても、見ない！　人の話を聞かない！　なので、強く言ったらいじけてしまいました。どうすればいいのでしょうか。（3歳児）

A 記憶の中（自分の世界）の出来事を再現して止まらなくなっている状態ではないでしょうか。いったん話し始めると、納得のいくところまで再現しないと、本人にも止められない状況になることがあります。それを外から強く中断するのは、子どもからすれば相当気分悪くなることに等しいでしょう。いわゆる、腹が立つわけです。
ここは、その再現に乗りながら、ストーリーのけじめのつけやすいところで、言葉をかけて他のことに気持ちを誘ってみましょう。解決する場合もあります。その言葉を探すことです。

子どもの好きなキーワードがよいと思います。「電車のビデオ」とか「おやつ」「お風呂」など。

また、子どもによっては、意味のないひょうきんな言葉に大受けで笑い出すこともあります。笑い出せば気持ちは切り替えやすくなっています。

《会話持続》

Q 子どもの言っている意味がわからず、何回も聞いているうちに、子どもがあきらめてしまうことがあります。その対処法と、そのときの子どもの気持ちは？（3歳児）

A この場合、発音不明瞭なら聞き取りにくさだけの問題ですが、発音だけの問題なのか、言葉の理解に問題があるのかがポイントになります。そのためには言語評価（検査）をすると状態がわかります。子どもの言語の発達レベルについては、親が一人で悩むよりも、専門職（言語聴覚士、心理士など）の確認をとっていくことが近道です。

日々の対応としては、2語文が聞かれているお子さんには、2語文（＋1語）程度で話しかけるようにします。つまり、子どもが話している長さと同じ長さのセンテンスで話すことが、子どもにはわかりやすいのです。

一方、言葉が聞かれているということと、意味がわかっていて言葉を話すということは、同じではないのです。例えば、言葉の意味をわかっていながら話せないという人もいます。

意味理解と表出の両輪のバランスが大切です。言葉を教えていくとき、まず要求を示すフレーズを教えます。例えば、本人の好きなものを、見えるけれど手が届かないところに置き、要求動作（「指さし」＋「ちょうだい」）を繰り返し教えていくことなどです。

「やってほしいことがあるけれど、うまく伝えられない」という場合は、要求表現のレパートリーを増やしてあげます。例えば、子どもの様子を見て、「公園に行きたいのかな?」と推察されれば、あらかじめ準備してある公園の写真を利用することもできます。自分から写真を指さして、相手に伝えることを教えていく方法です。

癖・刺激行動

《ものの口入れ・もの噛み》

Q ① おもちゃに興味がなく遊ぶことができません。何でも口に入れることが好きで、手当たりしだい噛んでしまいます。ものを噛む以外に適切に遊べるようになってくれるか心配です。（3歳児）

A おもちゃに関心がない子も多くいますが、働きかけ方によって遊べるようになってくるので工夫しましょう。

よく乳児期には何でも口の中に入れてしまうので大変な時期がありますが、2〜3歳でもものの口入れが目立つ子がいます。噛むことも含めて、口への刺激で暇つぶしをしているので、癖になります。

問題としては、歯によくない、と同時に、不衛生なものからの経口感染に注意しなければなりません。家の中のものは、親が意識すれば清潔に保てますが、外では注意が必要です。

まずは、家の中では、口に入れる直前に、入れないように大人がブロックして（止めて）いくようにすることです。室内の遊びでは、身の回りに口に入れるのに手頃な大きさのものが多くないかをチェックする必要があります。あらかじめ片づけておくこともポイントです。

外では、公園にあるような固定遊具（ブランコや回転系）、スプリング木馬など、前庭刺激（空中を揺れ動くような刺激を与える）の遊びを多く取り入れていきます。

家では、触ると振動するような玩具もよいでしょう。親がおもちゃをどのように考えているかにもよりますが、例えば、子どもが喜ぶと思ってミニカーを与えても、口に入れて噛んだりなめたりするだけということもあります。おもちゃへの理解やイメージが、子ども自身に乏しい段階ではうまく遊べません。むしろ、身体を動かすようなかかわりを、室内でも工夫していくようにしましょう。

口に入れようとしたら入れないように止め、身体遊びにつなげていきます。そうすることで、徐々に子どもは身体遊びを要求するようになってきます。同時に、「やって」という要求のジェスチャーを、子どもにわかりやすく声かけをしながら教えていきます（教示）。

言葉の示す意味がわからない状態では、わかりやすい声かけと、それに基づく行動を伝えていくことが大切です。ここでも決して焦らないことがポイントです。大人がイライラすると、子どももイライラします。大人が不安になると、子どもも不安になるのです。

Q ② 洋服のひもや袖口、自分の髪の毛、おもちゃなどを口に入れ、噛んだりします。「バツだよ」と言ってやめさせますが、時間がたつとまたやっています。どうすればやめさせられるでしょうか。（3・4歳児）

A 口中や口の周辺は刺激を感じやすい場所なので、噛む行為は口中刺激で気持ちの安定化や暇つぶしを図る「癖」「習癖」になりやすいのです。他にも、指しゃぶり、爪噛みなども同じであり、ほとんどは刺激で暇を埋めている行動と言われています。

口の中にものを入れる直前、あるいは、入れようとしたとき（同時）に、さりげなく止めていくようにします。これは誰かがそばにいないとできません。

また例えば、口に入れる直前に「ママにちょうだい」と言って、そのものを受け取って、「ありがとう」とほめることも方法です。つまり、対人的やりとり行動に移し替えていくことを工夫するように心がけることがポイントです。ここでは、口に入れた行動ではなく、渡してくれた行動をほめる形になっていることが重要です。

この「ものの口入れ・もの噛み」という習癖様行動を変えるには時間がかかりますが、そばにいる人とのかかわりが楽しくなれば、変化も期待できます。「いけない」と指摘した相手の表情をうかがうようであれば、それほど時間がかからないこともあります。いわゆる、相手の表情を気にするような反応ですが、これは、ある意味評価できるのです。

《妙なスキンシップ》

Q スキンシップが好きな性格らしく、ミニスカートや短パン姿の人を見つけると、老若男女かまわず、ひざ下に抱きついて頬ずりしてしまいます。そろそろやめさせたいのですが、どのように教えたらよいのでしょうか？（3歳児）

A これは比較的よく見られる行動です。頬に伝わる素肌や繊維などのある種の感触が大好きになる子どもは少なくありません。幼児期には子どもの無邪気な行動と大目に見てもらえますが、身体が大きくなってくると、そうもいかなくなります。幼児期の対応がポイントです。

お決まりの感触に浸っているので、これを同じような感触の別なものに移し替える方法もあります。

例えば、もしそのような行動を取りそうな人に近づいたら、即時に「高い高い」をするなど、その行動を上手に別な行動へ移していくやり方です。

ただし、これも決してやりすぎないように程度を考えることは必要です。あまりやりすぎると飽きてしまうのです。

大人の、子どもへの「やめなさい」の伝え方も重要になってきます。あいまいに、あるいは楽しく伝わらないように、味気なく真顔で「やめなさい」と伝えることが基本です。子どもの行動に対する大人のリアクション（反応）でその行動を強化している場合が多いからです（「行動を強化する」P122参照）。

基本的には、このような行動はストレートにやめさせる方向で取り組んでいくことも方法です。やはり事前ブロック（やる前に止める）して「いけない」と一貫して繰り返し教えていく方法です。

《指しゃぶり》

Q 指しゃぶりをどうしたらよいでしょうか？（3・4歳児）

A 前述したように、これは基本的に習癖行動に分類されます。口と指への刺激行動です。手持ち無沙汰のときに見られやすく、刺激行動として癖になっているのです。対応としては、一気にはゼロになりませんが、「減らす」という目標を立てて取り組みます。

気持ちが不安定なときや、寝る直前（入眠前に気持ちを安定させている）、手持ち無沙汰のときに頻発しやすく、「やめなさい」と注意しても簡単にはやめませんので、周囲はますます気になります。

例えば、手を使う遊びや作業などのかかわりで指しゃぶりができない（していない）場面を作り、そこでかかわるようにしていくことは簡単な方法です。手つなぎ、手遊び、おもちゃを持つ、お手伝いなどで手を空けさせない工夫も必要です。指しゃぶりではないことに気持ちを向けるように仕向けてかかわっていくと、おのずと指しゃぶりは減っていくことが多く見られます。

叱ってやめさせようとするのは、うまくいきません。その他、嫌いな酢やカラシを指に塗るなどの方法もまったく効果はありません。それより、子どもが手指を口元に持っていくときに、大人が手で口元をブロックして楽しいかかわりに持ち込むほうがよいでしょう。砂やおもちゃを口に入れるようなときも基本的には同じ対応を心がけながら、経口感染の心配と配慮をもって、やめさせていくことが必要です。

口に入れやすいものは片づける、手を清潔にする、手を洗うなどの「習慣を教えられる」というように、何でも教えるチャンスだととらえることが望まれます。

《手をヒラヒラ》

Q 癖のように手をヒラヒラさせるのですが……。（3・4歳児）

A 身体の一部に刺激を作り出すことで、集中を高めようとするとき、あるいは気持ちを安定させようとしているときなどに見られやすい自己刺激行動の一つと言われています。
他者がトントンと肩などを軽く叩いて外から刺激を与えること（タッピング）でも落ち着くこともあります。手をヒラヒラ振る行動に対して、周囲は「気持ちを安定させているのかな」「集中しているのかな」と理解し、とくに気にすることはないのですが、どうしても気にする人もいるでしょう。

例えば、広汎性発達障がい（自閉症）をはじめ、感覚が過敏な子どもの場合、初めての場所などでは気持ちが落ち着きません。そんなときに気持ちを落ち着かせるための行動が、いろいろな形で出現しやすいのです。

《下腹部（性器やおしり）を触る》

Q　このところの癖なのか、家でズボンやオムツの中（おしり）に手を入れます。母は「やめなさい」と手を抜こうとしますが、うんちをしている場合もあるので大変です。（4歳児）

A　うんちのサインの場合もありますが、おしりの感覚を暇つぶし的に楽しんでいる可能性もあります。やることがない（退屈な、暇な）ときや、周りに興味を持てないときに見られます。性器いじりやおしりの穴周辺への触行動に発展することがありますので、何とかやめさせることが望まれます。

これについては刺激を阻止することで対処する方法もあります。具体的には簡単に手がズボンの中に入らないように、きちんとベルトを使う、あるいは厚手の生地の上下服（つなぎ）や長ズボンにするなどの工夫です。

「やめなさい」の母のかかわりが、その行動を強化している場合もあるので気をつけましょう（注意と注目が強化因）。気になる行動については、無言で（例えば、子どもの手を持って）やめさせて、一緒に絵本を見る、玩具で遊ぶなどのかかわりに持ち込むようにすることが簡単です。ズボンに入れている手を、別な楽しい行動に従事させることで、気になる行動を徐々に減らすこともできます。

性器いじりは暇つぶし、手持ち無沙汰、興味がない場面で多く見られる行動なので、物事への興味や関心が増えてくれば、減少することが期待できます。

《接近して見る》

Q テレビを見るとき、すごく近づいて見ます。どうしてでしょうか。（3・4歳児）

A 単純に視力の問題を抱えていることも考えられますが、おそらく視覚刺激を自分なりに取り入れている可能性があります。距離感がうまくつかめない子どももいます。この他にも、壁に目を近づけて見ながら左右に移動する、人やものを横目（斜視のように）で見る、水平面から眺めるなども視覚的な感覚行動の類いです。

自分でぐるぐる回って遊んでいる子もいます。これも、自分の身体で作り出す回転刺激に浸って暇つぶしをしている状態と言えるでしょう。ぐるぐる回る運動は、前庭感覚を刺激し、発達にもプラスの影響を与えることもありますが、しかし、こういった自己刺激的な遊びに長時間を費やすことはあまり評価できません。別な遊びに誘ってあげてください。

友達や周りの人とかかわるのが苦手な子どもは、人よりも、ものに興味が行きやすい傾向があります。また、もので上手に遊べないときには、自分の身体で感覚刺激を作り出す遊び（自己刺激遊び）、あるいは自分の身体を直接刺激する遊びをしている子が少なくありません。

テレビに近づいて視覚刺激を楽しんでいる場合には、「一緒に見よう」と声をかけて、少し離れたところから座って一緒に見ることもよいでしょう。

生活の中では、楽しい気持ちを誘発しながら、くすぐり遊びやぐるぐる回しなど、対人的な遊びに誘ってあげることがポイントです。自己刺激行動よりも、他者がかかわって前庭感覚を刺激した遊びに誘っていくほうが、より望まれます。

困った行動

《もの投げ・大騒ぎ》

Q ① 子どもに対しての声かけ（指示）で「いけない」「だめ」「待っててね」が聞けず、子どもがギャーギャー騒いでしまいます。どうしたら子どもにギャーギャーせずに伝わり、スムーズに行動できるでしょうか。おもちゃのリモコンを投げることが多く、自分の思いどおりになっていないと投げます。

なるべく投げる前に止めるのですが、止めても次をすぐ投げます。（3歳児）

A 最初から「待っててね」の理解は難しいでしょう。現時点では意味理解を含めた認知機能の発達に課題がありますので、あれこれ言い聞かそうとしてもうまくいきません。

もの投げ行動に対しては、なるべく投げる前に止めることは正解です。毎回それをできるかぎり事前（直前・同時）に一貫して、上手に止めていくことがポイントです。しかし例えば、止め方自体が子どもにとって面白かったりすれば、逆にますます繰り返すようになります。

ものを投げるという行動も、子どもの訴えとして見ることができますが、その訴えがパターン的になっていると考えられます。まずは、周りに投げるものがない状況を作ることです。

ギャーギャー騒いだ場合、子どもの興奮度をよく見てください。カンシャクのように興奮している場合は取り合わないことも方法です。ちょっと意地悪に思われるかもしれませんが、意図的に放っておき、刺激せずに興奮状態の変化を待つので

す。しばらく騒ぎますが、刺激しなければやがて落ち着いてきます。えてして、子どもの泣きに対して、途中で人が怒ったり、諭したり、抱っこしたりなどでかかわってしまうことが多く、その場合、カンシャク泣きが収まることは期待できません。取り合わないで子どもの様子を感じ取りながら、騒ぎが落ち着いた時点で、「○○○しよう」と誘っていくようにします。

興奮状態とはいえないまでも、やりたいことがうまくできなくて、こうなる場合も、投げる前に

止めていくのは同じですが、必要な行動（どうすればよいのか）を教えるようにしていきましょう。やってほしいことがあるときは、「○○やって」と、ジェスチャーあるいは言葉で要求表現することを教えていくことが望まれます。

これは、保育園・幼稚園・小学校などの集団に行ったときに大きな力になります。「○○やって」という要求行動は、きちんと教えないと身につきにくいものです。つまり、ギャーギャー言うときは、子どもにとって学びのチャンスととらえることもできるのです。

Q ② 怒ると、ものを投げたり、足でガンガンしたりします。（3・4歳児）

A カンシャクや乱暴行動を起こしているときにその場で教えようとしてもうまくいかないものです。子どもの興奮に大人がつきあってしまうと、火に油を注ぐことになります。

この場合も①と同じように考えれば、興奮して

いるときには、上手に取り合わずにいる（無視する）方法がよいでしょう。できるかぎり、言い聞かせしない、怒らない、声かけをしない、視線も合わさないように、一貫して取り合わない（強化しない）ことに効果が見られます。

うまく取り合わないために大人が別室に行ってしまうとか、または子どもを別の部屋に移したりすることも方法です。気になる存在が一時的に視界からいなくなるということです。いわばタイムアウト（P126参照）です。

ものを投げてしまった場合は、気持ちを落ち着かせてから、「お片づけしよう（しなさい）」と声をかけて片づけ行動をとらせて、きちんとできたら、「できたね」とほめて終わるようにすることが望まれます。

投げてほしくないものは、手の届かないところに置くように、環境を整えることも大切です。ともすると、投げてしまった後に「投げちゃだめ」と言い聞かせを繰り返すことが少なくありませんが、これは遠回りです。投げないことを教える際には、その行動をとろうとしたときに（同時あるいは投げる直前に）止めて、「投げない」「いけない」と手を押さえて教えていくことがポイントです（直前ブロック、同時ブロック）。

その後、「ここに置きなさい」と、投げようとしたものを所定の場所に置かせる（あるいは、「ちょうだい」と受け取る）ようにします。きちんとできたことをほめる行動強化の流れが望まれます。

《イタズラの繰り返し》

Q **わざとか、面白がってか、コップの水を床や畳の上にこぼす行動に対して、いけないことを「ダメ」と言っても聞きません。無理やり押さえつけると余計にやります。どうすればよいのでしょう？（母親）**

A コップを持つ手を押さえて、コップとこぼした水を指さして「いけない！」と教えます。そのとき、表情（怖い顔など）をつけると面白がってしまうこともあるので、面白みのない真顔で言うほうがよいでしょう。そして、こぼした水を拭かせます（子どもの手を持って拭かせてもよい）。

その後、真顔のまま「こぼしてはいけない」ことを再度教えた後で、きれいになった床や畳を指し示しながら、子どもを大いにほめます（行動強化）。これを一貫して繰り返すことです。

もう一つの方法は、手でイタズラしたらその手を、足でイタズラしたらその足を持って（指さして）、「手（足）いけない」と教えるのも方法です。その際、子どもの心に訴えかけるのではなく、あくまでも「この手が（この足が）、いけない」というように教えていくことも効果が見られやすい方法です。簡単に言えば、本人を責めずに、手や足を「いけない対象」とするやり方です。

発達課題（障がい）によっては、子どもの「心」や「気持ち」に働きかけることは、大人が思うほど効果は見られないのです。

《噛みつく・叩く》

Q　最近、ごにょごにょと話せるようになってきましたが、まだ言葉という言葉は出ていません。そのためか噛みついたり、叩いたりすることがあるのですが、スムーズに子どもをわかってあげられる方法があれば教えてください。
（3歳児）

A　噛みつきや叩くなどの乱暴な行為（他害行動）はよくありませんが、コミュニケーションの方法が身についていない段階では出現しやすいものです。これは事前に止める（直前ブロック）ようにしましょう。

噛みつきなどの行動が頻発するのは、要求を伝える方法が身についていないことに起因する場合が少なくありません。まずは焦らず、要求行動（「ちょうだい」「貸して」などのジェスチャー）を教えていくことから始めましょう。

噛みつきや叩くなどの行動を起こした際に、毎回相手が反応することで強化され、誤った学習（誤学習）をしてしまうことが少なくありません。きちんと要求行動を身につけていくことが望まれます。

《多動性・走り回る》

Q ① 家や他の場所で走りたい衝動が強く、ついつい走ってしまいます。走ってよい場所といけない場所を伝えているのですが、気持ちをコントロールさせるこつがあれば知りたいです。（2歳児）

A 2歳児で気持ちを抑制、コントロールしていくことは難しいことです。走ってよい場所かどうかの判断も子どもにとっては難しいでしょう。「走らない」「走りません」という言語指示が聞けるようになってくれれば、解決します。

走ってほしくない場所では、走り出すときに身体を押さえて、「走りません（走らない）」「おててつなぐよ」と言って、手をつなぐように教えていきます。例えば、公園までは、「走りません。おててつなぐよ」の指示で手をつないで行って、入り口からは、「走るよ」と言って、子どもと走る、というように「走る場所」と「走らない場所」を明確に教えていきます。
また、周囲はともすると「ここは走らないよ」と言ってしまうものですが、そう言われても、子

どもにとっては「ここ」という意味はわかりません。

言語理解の水準にもよりますが、例えば、子どもが「○○（特定のお店の名前）」を理解できていれば、「○○は走らない」と言えばわかることもあります。子どもの理解を確認しながら、大人も言葉を用意することが必要です。

走りたい衝動を2歳でコントロールするには時間を要しますが、「走らない」という指示行動を、「歩こうね」「手をつなごうね」という行動に変えて、教えていくことも方法です。

Q ② 店で走り回ってしまい、買い物先で落ち着きません。（3歳児）

A いろいろなものが陳列されているスーパーや、遊園地などは刺激が多く、興奮しやすい場所です。自分でも動きが止められなくなってしまう刺激の多い場所には（特に幼児期には）、「行かない」という選択もあります。遊園地など刺激が多い場所では動き回り、興奮し、親も子どもも疲れ果ててしまうだけで一日終わることもあります。反対に、子どもが喜ぶと思った出先で、かえって子どもの抵抗行動を生んでしまうこともあります。むしろ近所の慣れた場所で遊ぶほうがよいでしょう。

例えば、いつも行く近所の公園は、「○○公園に行こう」と言うと好きな遊具を思い浮かべることができ、子どもなりに「これをやって、あれをやったら帰る」というように、見通しが持てて落ち着いて楽しめる場所であることが望ましいのです。

遊園地や旅行などは、近い将来、連れて行けるようになってから、連れて行ってあげればよいのです。

Q ③ 多動で、通園施設ではけっこう落ち着いていますが、外へ出かけるとすぐどこかに行ってしまうことが多く、買い物のときにもい

なくなってしまいます。じっとしていることが苦手で、長い時間座っていられません。来年は就学なので心配しています。（5歳児）

A 5歳児ともなれば就学も控えているので、今後を考えると気になります。

幼児期に、顕著に多動だった子どもも小学校高学年で落ち着いてくることは珍しくはないのですが、個人差があります。高学年になっても遊園地などでは興奮が高まり、多動のスイッチが入ってしまい、抑制がきかなくなることもあります。

どんなに言い聞かせても行動が不安定で、自分を抑えられず、衝動的に動くため危険が予測される場合は、医療対応（服薬）を考えてもよいのではないかと思われます。しかし、あくまでも任意です。日本では薬に対する偏見がまだまだ少なくありませんが、子どもにとって今後不利益な状況が懸念されるなら、考えてもよいのではないでしょうか。そのためには、専門の小児科、あるいは小児神経科への相談が必要となります。ただし、幼児期には、薬は処方されないこともあるので、あくまでも抱える問題の深刻度と相談内容によります。

学校の集団では適応を求められます。薬の服用とあわせて、対人的指導を受けることが大切です。現在利用している通園施設の専門の方と十分話し合って検討し、就学へ向けて準備していくことが望まれます。

Q ④ **極力買い物には連れて行かないようにしているのですが、行かざるを得ないときに、会計や袋詰めを待てず店を走って出てしまいます。捜索願いを出したこともあります。（4・5歳児）**

A 母親の目が離れた隙に子どもがいなくなってしまうのは心配です。多動性、衝動性が目立つ子どもの場合は、似たような問題が多発するので、日々「気が休まらない」と訴える親は多いです。

日常生活の中で「待つ」練習が必要になります。会計や袋詰めのときにも工夫しましょう。「子どもにものを持たせる」「子どもを広い場所で待たせない」などです。動けるゆとり（空間）があると、衝動的に動いてしまうでしょう。

　あるいは、買い物場面では、自分の気に入った品物を持たせてレジに並ばせるようにする。自分の手に入るまでの、「並ぶ→レジを打ってもらう→お金を払う→手に入る」という流れを学んでもらう機会にしていくことも方法です。行動と見通し作りです。

　「持っててね」「お手伝いしてね」など、対応を工夫するとともに、日常的に「待っててね」「手はおひざ」「順番だよ」「並んで」などを教えていくことが必要です。おやつタイム、机上作業、公園の固定遊具の順番待ち、買い物、お手伝いなど、毎回繰り返し教えられる場面を利用していくことが方法です。

《集中できない・気が散る》

Q　集中力がなく、着替えのときなど周りにあるものに気が散ってしまいます。（4・5歳児）

A　目に見えるものに注意が奪われてしまうので、集中が持続できないでいます。刺激のない空間で着替えるように工夫してみるのもよいでしょう。例えば、部屋のコーナーなどに、衝《つい》立《たて》やパーティションなどを使って小空間を作る。

他の刺激にじゃまされることなく、着替えに集中できることで、徐々に着脱技術が上がる子も少なくありません。

　あるいは、床に敷物を敷くことで、着替える位置空間がわかりやすくなることもあります。「着替えてから○○する」というように必ず見通し（順番）を持たせることも効果があります。次の見通しが持てることで、行動がとりやすくなるのです。きちんとできたらしっかりほめましょう。

《カンシャク》

Q ① 順番が待てず、ひっくり返って怒ります。（3・4歳児）

A 「順番」を教えていく必要があります。方法としては、例えば、公園などで、いつも意図的に「順番（だよ）」と言いながら、2番目に並ばせていくところからスタートします。2番目ならすぐに自分の番になります。しばらく続けるうちに（数回〜十数回の経験で）、この言葉（「順番（だよ）」）に慣れてきて、それほど抵抗なく列に入れるようになってきます。その後、3番目、5番目、7番目というように、より後ろに並ぶようにしていきます。つまりこれも、見通しを持たせる作業ということになるでしょう。楽しく遊べれば問題はなくなります。

　これらの練習は、幼稚園や保育園などの集団生活の中で取り入れやすい方法です。カンシャクが収まらない場合は、いったん場所を移して遊びへの参加を保留してもよいでしょう。その場合、しばらく取り合わずにいることも方法です。落ち着いてきてから、また同じこと（並ぶ）の練習を繰り返していきます。徐々に並べるようになります。

Q ② やりたくないことは、とことん、床にひっくり返り、イヤイヤしてやらない。どういうふうに対処していけばいいのでしょう。（3・4歳児）

A　前項までにすでに何回か取り上げました。物事にもよりますが、やるべきことを拒否して、ひっくり返りなどの抵抗が激しい場合は、周囲の安全を確認しながら、しばらくそのまま放っておくことも方法です。1対1の感情的なやりとりにしないということです。

場所が家の場合は、大人は子どもの視界からいなくなる（別室に移動）ぐらいでもよいでしょう。子どもも要求があるから抵抗するわけですが、多くの場合、そばにいる人への訴え、注目引き行動になっており、親を含め、人の存在は、興奮性を持続させる原因になりやすいのです。興奮をエスカレートさせないことがポイントです。

淡々とかかわりを持たないでいると、しばらくすると落ち着いてきます。その状態を見ながら、やるべきことをきちんと教えて行動させていきます。その後に、ほめながら子どもの要求を聞き届ける、という流れを作っていく一貫性が重要です。

大事なことに関しては、時には、親であっても「譲らない気持ち」が大切です。

《片づけ困難・指示拒否》

Q　周囲の刺激に敏感で、すぐ反応します。多動傾向にあると言われています。家庭ではおもちゃを次々と出し、引き出しのロックも外せるので、出したい放題。片づけさせようとしても、強く拒否します。

応じさせるようなよい方法はあるでしょうか。

（4歳児）

A　まずは、片づけやすくする工夫と設定が必要です。

幾つかの小箱におもちゃを分けることも方法ですが、例えば、大きな箱内を幾つかに仕切って、一つの仕切りからおもちゃを出して、また次の仕切りからおもちゃを出そうとしたら、今まで遊んでいたおもちゃを片づけないと次は出せない約束（習慣）として、片づけて出す（「Aを片づけてからBを出す」）を習慣にしていくことも方法になります。ちゃんとできたらほめます。

また、きょうだいで仲よくおもちゃを使ってほしいのですが、けんかになる場合は、兄のおもちゃ箱、弟のおもちゃ箱と、所有を別々にすることも方法です。相手のものがほしいときには、母に言ってから、「貸して」と相手に言うようにルール化していくなどを工夫しましょう。

《注意できない場所で騒ぐ》

Q　静かにしなければならない状況（電車や病院）で騒ぎ、注意すると逆効果になってしまいます。（4・5歳児）

A　これは微妙な問題です。複数の人がいる状況なので視線刺激があるため、自分が騒げば騒ぐほど他者から見られる状況になり、その視線が興奮剤になってしまう可能性があります。

乗り物問題であるなら、年齢とコミュニケーションの発達状況によりますが、教える方法は工夫できます。

例えば、半日周遊券を買って、集中的に乗り物練習を実施します。騒いだら即降ろします。降りたホーム（駅）で、次の電車を待つ間、「電車の中では静かに！」と教えていきます。「騒いだら降りる」と真顔で教え、この繰り返しを続けます。ひたすら、乗って騒いだら、即時に降ろす、そして約束を伝える。これを繰り返します。東京でいえば、都電のようなものならば駅の間隔が短いのでやりやすいでしょう。バスでもよいし、駅の間隔が短いほうが教えやすいです。ただし、タイミングよく降ろせないと、うまくいきません。

　子ども自身に「静かにする」「静かにしないと電車（バス）には乗れない」ことを、教える作業です。きちんとできたら必ずほめることを忘れないように。

こだわり

《道順》

Q いつも同じ道を通らないと嫌がるのはなぜですか？（2・3歳児）

A これは、道（道順）へのこだわりであり、いつもと違う変化には抵抗やパニックを見せるのです。珍しくはありませんが、慣れてない親や大人からすれば、毎回困ってしまいます。

　方法としては、同じ到着場所へ通じる別な新しいコースを決めて、何回も試してみることが簡単です。

　はじめは抵抗や拒否して大騒ぎになりますが、取り合わずに繰り返せば、結局同じ場所に着くことがわかってくるにつれて問題は減少します。日々試しながら、1～2週間のうちに理解することが多いと思います。子どもが見せる大騒ぎに、大人のほうがたじろがないことがポイントです。

　結果として楽しく遊べれば、何の問題もなくなります。

《抱っこと愛着性》

Q 母親にばかり抱っこを要求し、父親に抱っこされようとしません。（3歳児）

A これも、こだわり行動といえるでしょう。「この行為（抱っこ）はこの人（母親）にしてもらう」と決めている本人の決めごとです。

安心できる母の感触を求めたがることもあります。幼児期はとくに物事にこだわる気持ちを理解することが必要です。そうしないと、父子の関係に微妙な雰囲気が漂い始めることもあります。

　対応としては、休日などを利用して、「○○公園ではパパが抱っこして面白く遊ぶ」というように、まずは、特定の場所で父親が中心となって楽しいかかわりを作ることから始めてもよいと思います。

　子どもからすれば、毎回同じように物事が過ぎていかなければ、その先の予測がつかなくなり不安になるのですが、わからないことだらけの中で、納得できることを見つけて、気持ちの安定を得ようとするのが「こだわり」と言えます。理解が伸びてくるとともに、こだわりは減少していくことも多いのですが、問題化するこだわり行動もあります。きちんと対処していくことが必要な場合もあります。

《ものを並べる》

Q　**チラシや靴、何でも横に一列に並べて遊んでいます。さわると怒るのですが、本人がやめるまで待ったほうがいいのでしょうか？（2・3歳児）**

A　これもこだわり行動の一つであり、よく見受けられる行動です。

　発達的な課題を抱えている子どもの中には、系列的な状態を好んで求める特徴を持っていること

が少なくありません。統一性のないバラバラな状態は嫌であり、きちんと一様になっていることを好むのです。おそらく、同じように並んでいると気持ちが安定するのかもしれません（系列的なものの並びへのこだわり）。しかし、こういうことばかりに集中して時間を費やしているのも進展がなく、どうしたものか、と周囲は気になります。
　例えば、時間をある程度決めて、必ずキリのいいところで、片づけを一緒にしてから、違う遊びに誘うようにしてもよいでしょう。あるいは、「お風呂だよ」「ご飯だよ」などの声かけと同時に、その絵や写真を見せながら、場面の切り替えを指示していくことも方法です。
　ものを並べる行動は、とくに幼児期に見られやすいのですが、多くの場合、成長に伴って徐々に他の遊びにも興味は膨らんでいきます。
　とくに広汎性発達障がいを抱える子どもの幼児期に多く見られます。

《「知らない」「できない」を言わない》

Q　明らかに知らないことでも「知ってる」や「わかる」と言い、「知らない」「わからない」などの否定の言葉を言うことはいけないと思っているように感じます。素直に言えるようになるにはどうしたらよいでしょうか。（4歳児）

A　自分の不可を認めたくない気持ちに頑固になっているのです。これも「こだわり」と言えるでしょう。一時的にそういうことに強くこだわることがあります。

例えば、「できない」と言う場面を設定してみることも方法です。あらかじめ、飲みたい飲み物のフタを開かないようにぎゅっと閉めておきます。開けたくて大人のところへ持ってくることになるでしょう。「できない（から）やって」と言うように促します（言えなければ、ずーと開かないことになる）。飲みたければ、たいがいは言うことになります。結果、ちゃんと言えたら、「〝できないからやって〟って、よく言えたね」と大げさにほめて、開けてあげます。これを何回か繰り返します。

ちょっと意地悪な方法ですが、むしろ、大人が、「はじめからできないと言えば、素直でかわいいのに」などと思わないでください。本人の気持ちの不器用さに、上手につきあっていくことが大切なのです。表現のスキルを教えていくステップです。

情緒・行動・反応

《場所見知り》

Q　**場所見知りがひどいです。スーパーやデパートなど、買い物をするところとわかっていると、初めての場所でも平気ですが、学校や病院など何をされるのかわからない場所のときは泣き出してしまいます。**

慣れるためにいろいろな場所に連れて行くほうがいいのでしょうか？　それとも無理せず、泣き出したときは落ち着くまで待つようにするのがよいのでしょうか。（5歳児）

A　初めての場所への抵抗・拒否です。「何をされるかわからないのが不安」はそのとおりだと思います。次に何が起こるかわからないことへの不安が、パニックや逃避行動、泣きといった行動につながっていると思われます。

また、「慣れるためにいろいろなところに連れ

て行く」については、おそらく逆効果であろうと思います。子どもにとっては、むしろ緊張とパニックを起こしやすくする練習をしているようになりかねません。つまり、慣れにくさばかりを押しつけられることになるわけです。したがって無理にあちこち連れ歩かないほうがよいでしょう。

　まずは家庭の行動範囲内で、さらに慣れてもらうことです。よく行く病院や郵便局、きょうだいの学校や幼稚園・保育園、買い物先（スーパー、コンビニ）などで経験を積み重ねたほうが期待できます。目安として3～5か所程度で安定して行動をとれるようになってから、場所経験を少しずつ増やしていくことが望まれます。

　病院嫌いの子もいます。内科・外科はもとより、とくに耳鼻咽喉科、歯科、眼科を嫌がる子どもは多く見られます。ふだん触られることが少ない身体部位を直接触ってくることへの抵抗があるようです。注射に至っては大騒ぎになります。

　しかし、これらも経験回数をこなしていくことで徐々に慣れてくることも少なくありません。また例えば、病院に行く日の一日の予定をきちんと提示することも方法です。病院の自動販売機で好きな飲み物を買って、帰ってから飲む、帰りには途中にある公園で遊ぶなど、何をするのか流れがわかるようになると、混乱も少なくなります。

　毎回同じスケジュールに基づいて「見通しの形成」が実現されます。

《見知らぬ人に》

Q　もともと人見知りをしないところがありましたが、公園で同じ年頃の子どもには興味を示さず、その子のママや祖父母に近づき遊んでもらおうとします。買い物に行っても、知らないおじさんと手をつないだり、電車で知らない人に声をかける（しゃべらないので、手をつないだりします）ことがしばしばあります。

これからどうすれば見知らぬ人に声をかけなくなりますか。（3歳児）

A　子どもからの手つなぎは愛着的な行動です。大人と手をつなぐ行動が習慣的に身についているのでしょう。ほとんどの大人はやさしく対応してくれることもあり、この場合、大人への自発的な接近が自然に見られています。あるいは、手つなぎ行動で要求（例えば、「一緒に行こうよ」「連れて行って」など）を伝えてきているのかもしれません。

先々を考えれば、誰彼かまわず手をつなぐ行動は心配ですが、かといって、今の段階で概念としての〝見知らぬ人〟を教えることは、この年齢ではかなり難しいことです。現時点では、大人がコントロールしてあげることが必要でしょう。

場所、状況をよく見ながら、そばにいる大人が子どもの行動をコントロールしていくことが望まれます。

《逃げる》

Q **追いかけると、逃げるように走り出すので、危険です。（3歳児）**

A 今の時点では、遊びを定めてかかわることが必要です。

危険性のない場所なら、追いかけると走り出すことで追いかけっこのような遊びになりますが、場所を選べない場合は問題です。走っていることのみに夢中になっている間は、むしろ細かな周辺状況が視界に入りにくく、興奮したまま、目標への注意をきちんと向けられない状態になることが生じやすいのです。時として突然、強い刺激への衝動的問題行動へとつながることもあります。

気持ちと行動のコントロールを身につける必要があります。まずは、「手をつないで歩く」ことを習慣にしましょう。目的地までは手をつないで行き、着いたら楽しくいっぱい遊べるとわかる（見通しを持つ）ことがポイントになります（《手つなぎ》P168参照）。

例えば、車に対して「危ない」と一貫して繰り返し教えていくことも大切です。また、一緒に歩きながら「（ものを指さして）見て、○○だよ」と、道すがらの楽しいことを増やしていくようにしましょう。自動販売機、草花、他家の盆栽、犬や猫、公園、その他興味を持てそうなものを繰り返し共有していくことがポイントです。子どもにとっての学びの素材はたくさん存在しています。

《気持ちの不安定》

Q **風邪などで1週間ほど幼稚園を休むと、その後帰宅してから、毎日のように暴れたり、泣いたりします。「どうしたの？」とやさしく言っても怒るし、夜になってからも暴れることもあります。（4歳児）**

A 子どもは、何らかのきっかけで、納得いかなかったことを思い出したりすることがあります。

この場合、病欠後の幼稚園で何か納得いかないことがあったとも考えられます。何らかの欲求不満の気持ちでいらついているのではないかと思われますが、情報として、担任の先生から園での様子（気になることなど）をうかがってみてはいかがでしょう。

年齢的に仕事、お手伝い活動が必要な時期にきているととらえてもよいかもしれません。家の中でのお手伝いの習慣的な行動・活動を増やすことも方法です。仕事（風呂洗い、洗濯物たたみ、配膳など）や役割行動を教えていくことです。その上で、ほめられたり満足したりする経験を重ねるように工夫しましょう。

どうしようもなく泣きが止まらないときは、身体条件に何事もなければ、むしろ取り合わないでいることも方法です。つまり、「かかわらないこと」です。まったく騒がなくなるのが目標というよりは、騒いでから落ち着くまでの時間が短くなることを重視するのがポイントです。

落ち着いた時点でたくさんかかわってあげることが、落ち着きを持続させます。仮に、何かものなどを交換条件にして落ち着いてくれるなら、時にはそれも方法ですが、実際にはそうはいかない場合のほうが多いのです。多くは興奮して、気持ちのコントロールができなくなってしまいます。

やがて年齢が上がってくれば、全般的に落ち着いてくることも少なくありません。幼児期では感情のコントロールが難しいことが目立ちますが、年を経て経験を積むことで少しずつ成長と変化を見せるようになります。

《怒られても笑っている》

Q 怒ったときに笑っています。どう対処するのがよいのでしょう？（3歳児）

A 幾つかの理由が考えられます。例えば、怒っている母（父）親が怖いが、どうしてよいかわからず、ニヤニヤして相手の笑顔を引き出そうとしている場合、あるいは相手の表情の意味がよくわからない場合、むしろ面白く感じたりする場合があるようです。

言語や表情の認知が機能的に未発達な段階で、起こりやすいと思われます。発達に課題を持つ子どもが幼児期に見せることが目立っています。ともすると親は、「どうしてそういうことをするの！」「何回言えばわかるの！」と言ってしまいがちですが、そういった表現では子どもは何を言われているのか意味がわからず困惑します。そういう状況で「ニヤニヤ反応」が生じることがあると考えられます。

対応としては、例えば、もの投げ場面では、投げた手を押さえながら投げたものを指さして、「投げてはいけない」「お片づけ」と一貫して教えていくことが方法の一つとなります。教えた行動を見せてくれたら、きちんとほめましょう。ネチネチといつまでも言わないことが大切です。当初、子どもは、何度も同じことを繰り返しますが、そのたびにただただ怒っても効果は少ないでしょう。

いつも一貫して、シンプルな指示表現と行動（「どうすればよいのか」）を「一」から新鮮な気持ちで教えていくことが大切です。そして結果をほめることでまとめましょう。

《嫌な経験と情緒不安定》

Q **病院の治療で押さえつけられてからは、病院に行くと大泣きします。また、夜泣きで、突然起きて噛みついたりして大泣きすることがあります。（3歳児）**

A 慣れない病院で押さえつけられれば、子どもは不安になりパニックになるのは当然です。

病院嫌いになる子どもは少なくありません。しかし、誰しも病気になれば病院には行かざるを得ません。

夜泣きの中には、昼間の経験によって表れやすいものがあります。例えば、怖い思いや緊張なども原因になります。夜泣きでパニックになったときは、まずは落ち着かせることが必要です。噛みつかせないように体勢をとって、背中をトントンしたり、別の部屋に移したりして落ち着かせるなどの対応のパターンを作ることが望まれます。

昼間の活動に見通しが持てるようになれば夜泣きも落ち着いてくると思われますが、長期間続くようであれば、夜の睡眠を確保するために、医療相談を考えてもよいと思います。

《父親だけに乱暴する》

Q 父親に対し乱暴な行動をとります。母親に対してはしません。ストレスの発散なのか、スキンシップなのか、またその行動に対して注意したほうがよいのでしょうか？（3歳児）

A 例えば、父親が「イタイ！」などと言ってオーバーに反応して相手をすると、エスカレートしてしまうこともあります。かかわり合いの一種と考えられなくもないですが、そもそもの原因やきっかけのようなものが「あるか、ないか」を見てください。

その上で、雰囲気的に、本当に父親に対して乱暴を振るっているのなら、真顔で直前にブロック（行動制止）して、「手、いけない」と教えていくようにします。つまり、結果として相手を叩いた、

という行動にまでたどり着かせないことがポイントです。

　抵抗し暴れた場合は、無言で体を押さえて様子を見ます。その際、怒ったり、言い聞かせはしないことです。子どもの落ち着き具合を見て、父親の体（「子どもが叩いた場所」）を「なでる」あるいは「握手」などの、叩く行動と反対の望ましい行動をとらせて、その行動をほめてください。しばらくはこの対応を一貫してみましょう。

　叩くことでストレス発散するというより、むしろエスカレートすることが多く見受けられます。

　例えば、体を押さえられて、子どもが泣き出したら取り合わずにその場を離れます。父親が別室に行ってもよいでしょう。子どもは泣いて収まって、また泣いてを、数回から数十回繰り返しますが、徐々に感情の高ぶりが収まってきます。これを毎回繰り返します。

　やがて、感情が静まるまでの時間が短くなり、父親に手を上げる回数が減ってきます。タイミングを見ながら、父親も子どもが喜ぶこと、例えば、上手なくすぐり、グルグル回しなど、心地よいかかわりを準備して対応していくと、よいでしょう。

　時として子どもは、興奮するうちに、興奮性に振り回され、自己コントロールが不可能になることがあります。手や足で叩く・蹴る行動などが出現したら、あれこれ説得するよりも、手を指し示して「手、いけない」、あるいは足を指し示して「足、いけない」と一貫して指導することも必要になる場合があります。

　一般的な子育てにおいては、「どうしてそんなことをするの？」「ダメでしょ！」などと子どもに問いかけて、物事の何たるかを教えようとしがちですが、これは、ある程度のコミュニケーション水準があって成立することです。関係性の発達に課題がある場合、世間的には当たり前の対応でも、子どもにとっては、時として、誤学習を招くことも少なくありません。

《自分の思いどおりにならないと》

Q **どんな場所でも、自分の思っているとおりにことが進まないと、泣いたり寝転んだりしてしまいます。そういうときは話しかけても聞き入れようとしないので、結局抱っこをしてしまうのですが、どのような対応がよいのでしょうか？（2歳児）**

A 2歳児という年齢が微妙ですが、寝転ばれては困るところで寝転んでしまうと、とくに外出先では問題になります。しかもこの子育ての大変さを周囲が理解することは困難です。

2歳児という段階では、危険なところでは抱っこして危険を回避することも方法の一つです。

練習を計画してもよいでしょう。休日などに行く公園を1か所決めて、そこまでの手つなぎ、歩行訓練を実施することも方法です。休日なら親の気持ちにゆとりが持てるということもポイントです。

予想どおり、途中で寝転び、ストライキを起こしたら、いつもやっているような（話しかけて子どもの気持ちを収めようとする）ことはやめます。安全なところに場所を移して、親は取り合わないで放っておくことを演技します。あくまでも演技です。親は雑誌を見たり、景色を眺めたりして、なるべく子どもに関心を示さない（子どもを見ない）ふうを装うことです。子どもはやがて動き出します。そのとき、声をかけて、手をつないで歩くことを教えます。これを、何度も繰り返します。実際、数回ではうまくいかないことが多いのです。

そもそも、話しかけて解決していたなら、すでに悩むことはないわけであって、そうはいかないからこそ、親は困っているのです。また、何度試しても（数十回程度）、結果が出ない場合は、方法を変えてみることです。

例えば、時には、ストライキを起こしたら、抱っこしてぐるりと1～2回転して、子どもの視界を変えてから子どもを下におろす→子どもは歩く

↓また寝転がる↓抱っこしてぐるりと回る↓おろす↓歩く……これを繰り返していくうちに、徐々に歩くようになることもあります。

言葉だけで子どもに大切なことを伝えることは難しいものです。

年齢が小さいので、大人側からすれば、何とかしたい思いはあっても、結果として、大騒ぎしている子どもに、毎回周囲が振り回されてしまうことになります。焦らないことです。

《突然のことに大泣きする》

Q 友達に押されて、つけていたマスクを急に取られたときに、大きなショックを受け、座り込みや大泣きをしました。そのことを長い時間引きずっていて、家に帰ってからも、玄関から家に入らなかったり、他のことができなかったりと、立ち直るのに時間がかかります。

気持ちを上手に切り替える方法があれば知りたいです。（2歳児）

A 何の予告もなく、突然されたことに小パニックになり、納得いかない思いに襲われて、気持ちが崩れたのでしょう。考えてみれば、誰でもいきなり、マスクを外されたら、驚いて嫌な気持ちになります。それと同じです。

この子は物事にきっちりしているタイプです。現段階では、突然の被害には耐えられず、長い間引きずってしまうかもしれません。

質問にある大泣きという反応を変えていくために、結果をどうするか考えていきます。泣きやませようと、母が一生懸命対応しても泣きやまないときは、母の対応を工夫しましょう。

例えば、母の対応として、子どもを抱っこしてからあれこれ言葉をかけないで、「大丈夫」「よしよし」程度の声かけで抱きます（あれこれ語りかけていると、泣きは収まりにくい）。しばらくすると子どもは、同じ興奮・気分で泣き続けることができなくなってきます。そのまま母の胸元で、変化のない状態を続けていると、やがて本人に動きたい欲求が生じ始めます。そのとき、「ジュース飲む？」などと言葉をかけます。

泣き・興奮のピークで子どもにあれこれ働きかけずにいることも、方法の一つなのです。自分の「泣き」では母の反応がない、でも「自分が静かになったとき＝自分が泣かないとき」には、母がいろいろかかわってくれる、ということに気づかせていくのです。それほど難しくない気分リセットの手続きです。

遊び

《同じことの繰り返し》

Q ずっと同じことを繰り返しています。楽しそうにしているので、そのままにしておいていいですか。（2・3歳児）

A どのようなことを繰り返しているのか、その内容にもよりますが、もし感覚的な刺激遊びに長時間一人で没頭しているのであれば、他の遊びに誘いましょう。
例えば、視覚的な刺激の中に入って、暇な時間をつぶすことに没頭している子どももいます。子どもの遊びに乗りつつ、くすぐり遊びや通常のおもちゃの遊びに持ち込むことも方法です。子どものこだわりの世界ばかりにならないように、他の楽しいことを経験できる時間を作っていくことが大切です。

《一人遊び》

Q 他の子どもと遊ぶことができません。（3歳児）

A コミュニケーション、気持ちの共有、他者への関心、遊びへの興味などは発達の課題です。まずは、身近な大人と楽しい経験を積み重ねることからスタートすることが望まれます（かかわりづくりP90参照）。

《決まった遊び》

Q ① 好きなことは集中してよく遊びますが、いつも決まったものばかりで遊んでいます。大人がかかわろうとしても、応じてくれません。（2歳児）

A　子どもの興味や関心を広げるためには、まず、「人と遊ぶことは楽しい！」という気持ちを育てることが大切です。

人と遊ぶことが好きになるためには、例えば、子どもが一人ではできない対人遊び（ぐるぐる回し、くすぐり遊びなどのスキンシップ遊びなど）に誘って、身体感覚的に楽しむ経験を重ねることが効果的です。状況によっては、お決まりのおもちゃが目に入らないように、環境を工夫することも必要でしょう。

人と遊ぶことが好きになってくれば、徐々にかかわりへの要求を見せるようになってきます。大人も一緒に楽しくかかわりながら、子どもをいろいろな遊びに引き入れていくことが望まれます。やがて、興味や関心が広がっていきます。

Q ② 戦隊もののキャラクターやテレビに夢中で、一人で遊んでいて、他の子への関心が少ないように思います。（3歳児）

A　この子に限らず、人への関心よりも、テレビや絵本の画像、ファンタジックなものへ関心を見せる子どもは少なくありません。中でも戦隊ものは人気があります。ただし相手を持たず、いつまでも一人でその世界に入り込んでいる場合は、やや気になります。

集団の中で、友達とかかわり、経験を通して、楽しさがわかってくることが望まれます。そばにいる人に対して関心を向けさせるには、人との遊びの中で、面白いという気持ちが引き出され、それを感じ取る経験を積み重ねていく必要があります。

子どもが遊びの中で、「楽しい」「面白い」「もっとやってほしい」という要求を人とのかかわりの中に感じて、要求表現を獲得できれば、子どもは変わってきます。

《遊びをやめない》

Q **鉄道模型おもちゃが大好きで、いつまでも遊んでいます。おしまいにしようと言っても、なかなかやめません。どうしたらいいでしょうか？（3・4歳児）**

A 私たち大人は、「そろそろ出かける時間だから……」などと考えながら行動していますが、遊びに熱中している子どもにとって、突然「はい、おしまい」と言われてもやめられるものではありません。「おしまい」を教える方法は幾つかあります。

その子にとってわかりやすい「おしまい」を考えてみましょう。「10数えたらおしまい」「もう一回やったらおしまい」などです。キリのいいところで「おしまい」をはっきり伝え（例えば、言い方に抑揚をつけたり、ジェスチャーをつけたりして）、さらに、次にすることを目に見える形（実物や写真など）で伝えてあげることで、気持ちを切り替えやすくなります。約束を守っておしまいにすることができたら、しっかりほめてあげることを忘れないようにしましょう。

次の段階では、理解の進展やコミュニケーショ

ンの発達をよく見ながら、絵や写真などでスケジュール（予定）を理解できるように教えていくことが望まれます。

対人関係

《人への関心》

Q 毎日聞いているはずの身近な人の名前を言ってくれません。（3歳児）

A 言語機能の未発達な子においては、「ゆっくり言葉が出始める」場合と、「なかなか言葉が聞かれない」場合とがあります。

遅くとも3歳くらいまでに「パパ」「ママ」や物の名前など幾つか言葉が聞かれていれば、たとえ音韻が不明瞭であっても、その後言葉が増えてくる可能性があると考えられますが、3歳を過ぎてもいっこうに言葉が聞かれない場合、個人差はありますが、その後の予測が難しくなります。

人への関心が乏しく、自分にもお友達にも名前があるという認識まで理解が進まないことがあります。同時にこれは、対人関係性の発達問題にもつながってくることがあります。

また中には、長期にわたって言葉の発達が阻害されてしまう場合もあります。気持ちを上手に伝えられない状態（言葉が出ない時期）が、イライラ、カンシャクなどを生み出す原因の一つになることも少なくありません。

一方、身ぶりや片言まじりで気持ちを伝えられるようになってくると、徐々に変わってくる（落ち着き、成長する）のもよく見られることです。相手を意識した楽しいかかわりなどの毎日の積み重ねや繰り返しが大切であり、それらを通して心の土台を作っていくことが望まれます。

簡単な方法としては、まずは身近な人をわかってもらうことから始めます。家族の写真を飾って、指さししながら、毎回呼び方（名前など）を教えていくことを、楽しいやりとり（遊び）にしていく工夫もあります。徐々に写真を増やしていくと、広がってきます。

《じゃま・いじわる行為》

Q　最近、友達の遊びのじゃまをすることが多いのですが（並べているものを崩す、壊すなど）、よい対処の方法はありますか。（３歳児）

A　暇つぶし行動で見られることが目立っています。お友達が作ったものなどを崩す、壊すことの面白さに加えて、周りの反応がまた面白いのです。事前にブロックすることが効果的です。

　行動の直前（あるいは同時、直後）に制止して、「いけない！」と教えていくことがポイントです。短く、わかりやすいフレーズで伝えていくように一貫します。

　ブロックは、直前か同時が効果的ですが、後手になったとしても、極力、時間差を置かないことが望まれます。

　よくありがちな「言ってもわからないから教えられない」というのでは、子どもは学べません。とくに発達に課題がある場合、他児（お友達）と同じように伝えたのでは、わかりにくいのです。

　お友達とのつきあい方を身につけていくためにも、目の前の（対象となる）子どもの発達課題を考慮した伝え方で、一貫性をもって教えていくことが大切です。そのためにも、子どもの発達状態を理解することが望まれます。

《同年代と遊べない》

Q **同年代の子どもとうまく遊べず、年上の子や大人と遊んでいます。きっかけがあれば遊ぶようになるのでしょうか。（４歳）**

A 大人や年上の子は自分に合わせてくれるから、楽なのでしょう。同年齢や年下の子はなかなか合わせてくれないので、かかわりにくいのかもしれません。コミュニケーションの発達的な課題を持っている場合もあります。

集団経験を積み重ね、慣れてくれば変わってくる子どもも多く見受けられます。しかし、かといって幼稚園や保育園の集団に急いで入れたほうがよいのか、といえば、必ずしもそうとは言えないこともあります。子どもの発達状況をよく見て判断したほうがよい場合もあります。集団に入っても、思うようにうまくかかわれないために、かたくなな一人遊びになってしまうこともあるのです。

この子のように、年上の子や大人と遊べているのであれば、集団が向いていると思われます。集団経験が対人関係の発達を促すきっかけになることが期待できます。

《友達関係》

Q **隣の席の女の子が、嫌いとかキモイとか言ってくるそうです。本人は、「僕がおこられてばかりで、ダメダメだから」と言っています。「僕のこと嫌いなの？」と聞くと、「死んでほしいから」と言われたと言うのですが。（６歳）**

A これは指導が必要です。その女児にしてみれば軽い気持ちで、そういうつもりがなかったとしても、放っておいていいというものではありません。

からかいだとしても言ってはいけないことがある、ということを大人がきちんと指導していく必要があります。人間関係の大切なルールはしっかり教える必要があります。その女児も他のお友達もみんなで学ばなければならないことです。

担任あるいは園長先生に相談するときは、母親一人で言うのではなく、何人かのお母さんの意見も添えて、複数の意見にして相談していくほうがよいでしょう。決して、個人的な苦情でも、その女児を責めるためでもないことを理解していただいた上で、穏やかに話し合いを進めることが望まれます。子どもたちみんなのために。

《集団参加ができない》

Q **公園ではよく遊ぶのですが、お遊戯の場面では、みんなで輪になったり、踊ったりすることが苦手で、「イヤ」と言って座り込んでしまいます。何が不快なのかわかりません。徐々に慣れていくものなのでしょうか。（3歳）**

A まだしばらくは、お遊戯などに対して拒否する時期が続くかもしれません。すんなり入っていけない気持ち（抵抗）を持っていると思います。拒否の気持ちが固いのです。よくある理由としては、実は思うように模倣ができないため、どうしてよいかわからず苦手なことへの拒否でかたくなになっているのかもしれません。

子どもの興味・関心の志向性にもよりますが、現時点では、踊っている集団に対する気持ちは「イヤ」なのかもしれません。子どもの中には、外では拒否しても、家では同じ曲で自分流に踊っている子もいます。

集団に慣れていくためには、楽しさに触れ、理

解していく時間が必要なことと、真似しようという意欲のスイッチが必要です。焦らずに一貫した取り組みの中で徐々に引き入れていくようにしましょう。半年から1年以上時間を要する子もいますが、多くは入って楽しむようになります。いったん楽しさを経験するとやがて自分から入っていくようになります。

今は、興味の矛先が向きにくく、その集団の遊戯空間に抵抗感を持っていますが、この先は徐々に変わっていくと思われます。

《集団適応》

Q 幼稚園入園を考えているのですが、集団になじめるか心配です。失敗することを嫌がる子どもなので、他児と自分を比較してしまうのでは、と不安です。(3歳児)

A これも考え方です。失敗を嫌がる子どもだからこそ、自分でどうすればよいかを学ぶために、幼稚園へ入れてみてもよいのではないでしょうか。実際に自分の子どもがどう反応・行動するのかを、園の先生と様子を見ながら、一緒に考えていくことが望まれます。どのように周りの人に働きかければ自分は失敗しないのか、学びの場としてとらえていくことを期待してください。毎日の集団で、楽しいことが1つ、2つ、3つと増えてくれば安心でしょう。

就学までに、「わからない、教えて」と他者に言えるスキルを持てることが望まれます。自分が困ったときに自分自身で打開する力を獲得していくことは大切です。「案ずるよりも……」という言葉どおり、2歳児対象の幼稚園のプレスクール空間で様子を見ながら、あらかじめ、入園前に苦手な場面をチェックしておくとよいでしょう。入園のための準備です。

もう一つのポイントは、子育てや子どもの発達に関して、信頼できる相談先を持つことです。

《あいさつ》

Q **道を歩いていて、知らない人（中高年）に「バイバイ」してもらうまで、近くに行って「バイバイ」をします。人見知りがなく、変な目で見られてしまうので困っていますが、このままでよいのでしょうか。（5歳児）**

A 知らない人にまでバイバイすることが、親からすればどうしたものか、と迷うところでしょう。現時点では、子どもからすれば、バイバイは「人」に向けてすべき行動なのです。ただし、相手を選んでするところまでには至っていないのです。

概念理解（認知）の問題です。「知っている人」と「知らない人」の意味の判別ができない段階といえます。

とはいえ、親が人目を気にして、バイバイをやめさせるべく教え続けると、やがて知っている人にもバイバイをしなくなるでしょう。よく、「知らない人には○○しなくていいんだよ」と子どもに教えている光景を見かけますが、「知らない人」という意味が理解できていなければ、子どもにはまったく伝わりません。今はまだ、この子にとって「知らない人」という意味（概念）の理解は難しいでしょう。

現段階においては、これは大目に見てもよいのではないでしょうか。どうしても気になるのであれば、誘導コントロールしてあげてください。同じような幼児期を過ごした子どもたちにおいて、

小学校高学年や中学生になって、相手かまわずあいさつをしている子どもを見かけなくなることが多いのです（発達課題を持っていても）。認知発達の進展に伴って、生活経験を通して理解されてきます。

　現時点では、大人が「あいさつできたね、行こうね」と声をかけて状況を速やかにカバーして、子どもの行動をコントロールすることでよいと思います。

身体の動き

《模倣・手足の動き》

Q　「なでなで」「よしよし」と言うと、しぐさはするのですが、なぜか叩く「ポンポン」になってしまいます。本人は「なでなで」のつもりでやるのですが、手の動きの違いをわかりやすく教えたいのですが……。（3歳）

A　手を添えて教えてあげてください。いわば、手取り足取りです。身体の一部である「腕」や「手」をうまくコントロールできるかどうかは、運動発達の問題ですが、それを誘導し教えていく繰り返しが効果的です。

　まずは、手を持って、表現（言葉）と、その動き（手の感覚）を何回も重ねて練習するように教えます。ちょっとでも上手にできたら、大いにほめてあげてください。子どもには、個人差としての上手下手はありますが、たいていできるようになります。

《模倣・リズム》

Q　先生が体を動かしてリズムをとっていても、子どもが体を動かさないのは、どうしてですか？　1歳過ぎの頃はテレビ番組の体操でリズムをとっていたのですが……。

A

興味や関心、模倣困難あるいは拒否的な気持ち、眺めていたいからやらないなどの問題が考えられます。《集団参加ができない》(P225参照)と重なることがあるのかもしれません。

しかし、別な見方もあります。まれに発達経過の問題として、似たような現象が報告されることがあります。2歳前後を境に、それまで見せていた行動や反応がまるで消えたように見られなくなってしまうという経過をたどる子どもたちが少なからず認められているのです(折れ線型発達P56参照)。

この場合、視覚的、聴覚的刺激の受け取り方、さらに、模倣することなどに課題が見え隠れしていると思われます。

一般的運動(歩く、ものをつかむなど)は問題ないとしても、目の前で展開されていることに対して注目していながら、以前のような反応が見られないのは、真似ることへの気持ち(興味、楽しさへの同調、欲求)が生じないでいるか、見ることと体を動かすことの両立(コントロール)がうまくできないでいるか(一方のスイッチがONでも、もう一方はOFF)、あるいはモデルと自分の身体を重ね合わせてとらえること(ボディイメージ)ができないでいるのかなどいくつか推測されますが、もう一つ明確ではありません。

引き続き、音楽や運動の取り組みの中で、周りから促されながら楽しく経験させるといった気持ちで続けてみてください。

積み重ねていくことで、子どもの変化は期待できます。苦手ではあっても、まったく変化しない子どもはいません。楽しく続けていきましょう。

兄弟姉妹関係

《乱暴・真似》

Q

下の子を可愛がるのですが、接し方がうまくいかず、叩く、押すなどの行動になってしまいます。乱暴な行動を他の小さな子に対しても行うことがあります。また下の子がものを投げるのを見て、真似をして投げて笑っています。とくに母親が食事の準備をしているときに乱暴なことをするので、困っています。（４歳児）

A　行動の意味（善悪）がわからないのです。多くの例で共通していることは、適切な行動をきちんと教えていかなければ、あたかも楽しそうに見える、困った行動がエスカレートしていくことがあります。

乱暴な行為をする前に止めていく（ブロックする）ことが必要ですが、親が家事をしているときなどは止めようがありません。

また、場面によっては、母親が口で止めることになり、セリフ参加のキャストが一人増えたことになり、子どもにとっては楽しい展開となることもあります。おそらく、言えば言うほどやるようになるでしょう。子どもにしてみれば、自分のとった行動の結果、楽しめる流れになっているのです。

しかし、やはり危険につながる行動はやめさせて、「いけないこと」を教えていくことが望まれます。ものを投げて散らかしていたら、片づけ行動をとらせて、その結果を認めてほめていきます。叩いたり、押したりしたときも止めて、それに代わるよい行動（例えば、なでる、握手する、ハイタッチなどの行動）を教え、させて、同様にほめていきます。母が介入して、その評価のもとで行動を学ぶことが近道です。声かけ、言葉かけの「やめなさい」だけではなかなか解決しないでしょう

（《もの投げ・大騒ぎ》P195参照）。

いつも困った行動が繰り返し見られているのであれば、お手伝いやお仕事などを持たせることも方法です。例えば、レタスやキャベツの葉を1枚ずつむいてもらって、それをほめるなど、楽しいことで工夫するのがポイントです。

《いじわるな行動》

Q　自分がそれで遊びたいわけではないのに、下の子が遊んでいる玩具を取り上げ、どこかに投げたりしています。このような行動の意味がよくわかりません。（3・4歳児）

A　下の子の反応を引き出しているのでしょう。いわゆる暇つぶし行動です。遊びのレパートリーが少ないので、下の子の反応（泣いたり、投げられたものを取りに行ったりなど）の同じ繰り返し（お決まりの展開）を見て、暇を埋めているのでしょう。悩まずに、むしろ代わりとなるよい行動を教えてあげるタイミングととらえることです。

まずは、投げる行動を止めて、投げてはいけないことを教える必要があります。投げたものはきちんと取りに行かせて、「取る」の反対の「あげる」「与える」などの行動を教えて、そのつど上手にほめましょう。きょうだい2人だけの空間では同じことが繰り返されやすいので、一緒に遊びながら教えていくことが望まれます。

ものの貸し借りのルール（「貸して」「いいよ」など）を教えていくことも根気よく続けてください。

《きょうだい間での障がいの告知》

Q　上や下の子に対し、この子のことをどう話したらよいか、またよりよい兄弟姉妹の関係を作っていくためには、親としてどんなことをしていけばよいでしょうか。

上の子がこの子にいろいろ教えようとし、それがうまくいかず上の子が怒り出すことがあるし、また下の子は、自分のほうがこの子よりもできると思っているように感じます。

A どの親も悩む同胞（兄弟姉妹）問題です。現時点での幼児期をはさんだ年齢段階でいろいろ言っても、あるいは、細かく説明しても、親の求める「理解」を得ることは難しいかもしれません。上の子にしても、あるいは下の子にしても、発達や障がいという表現を使って話しても、まだよくわからないでしょう。

今の段階では、説明に工夫が必要です。上の子、下の子に対して「○○してみて」「○○って言ってみようか」と接し方を教えて、親が言ったように接してくれたときに、時間をおかず、（ややオーバーに）笑顔で、上の子も下の子も抱きしめてほめていきましょう。それを焦らずに繰り返していきます。子どもは親からの目線が、自分に向くことが一番うれしいのです。

まずは、どうすればよいか、行動を教えて上下関係を穏やかにしていくことが、親の仲介役としての腕の見せどころです。小学生になればさまざまな思いを抱きます。口に出せない悩みを抱く兄弟姉妹が見られ始めます。親として、考えるときが訪れます。その道のりを経ながら、親と一緒に子どもも成長していくのです（兄弟姉妹P97参照）。

近い将来、きょうだいに発達（障がい）のことを話す時期がきます。小学校の後半（高学年）あたりがふさわしいでしょう。すでに自分の気になることを辞典やパソコンなどで調べられるようになっている時期です。それまでは、焦らないでください。

長い目で見たとき、親の日常的な何気ない姿が重要なのです。神経質に不安がったり心配したりする気持ちは、意外に表面化しやすいものです。それが子ども（たち）に影響することがあります。親の気持ちや向き合い方が大切です。

《下の子を真似る》

Q 下の子どもの真似をして、ホイホイものを投げたりして困ります。そのうち下の子どもに成長を抜かされるかもしれませんが、そのときには、どのような対応をしていけばよいのでしょうか。（5歳児）

A 今の状況では、2人とも互いに影響し合っている可能性があります。ホイホイ投げるときは、対処としては、直前か同時のタイミングで止める（ブロックする）ようにしていきましょう。上の子も下の子も同じように一貫します。

また、投げるものが周囲に常にある状況も変える工夫（箱で整理するなど）が必要です。ほめられる行動として、片づけ行動を上と下の子どもに教えていくことが望まれます。その際、誤りやすいのは、「どうして投げるの」「散らかさないで」などと言いながら、大人が子どもの前で拾う姿を見せ続けることで、これはしばしば逆効果になります。子どもにとって何ら不都合のない、いい暇つぶしになってしまうでしょう（《もの投げ・大騒ぎ》P195参照）。

片づけ先と、どうすればよいのかがわからなくて、片づけられないでいることが少なくありません。したがって、片づける所定の場所を作り、そこにどうすればよいのかをきちんと教えて、「片づけできたね」とほめていくことを一貫してください。子どもは理解していきます。

勉強・就学問題

《文字・数字について》

Q 文字や数字などの読み書きは何歳ぐらいから、積極的に教えたほうがよいですか。（2・3歳児）

A 基本的には子どもが示す興味や関心の度合いによります。子どもが早くから興味を持てば、そのタイミングで教え始めてもよいでしょう。親が子どもに対して、勉強面で不安があるのなら、遊びで文字や数字を取り入れていくことも方法です。遊びとして面白くなるように、愉快に取り入れていくことがポイントです。

遊び感覚で取り入れながら、「勉強できたね」「勉強上手！」とほめながら言葉かけをして、「勉強」という言葉の響きに好感が持てるように教えていくことが大切です。

《就学について》

Q ① 次々年度就学のため、特別支援学校や特別支援学級を見学しています。見学するときのポイントを教えてください。（4歳児）

A 学校を見学するときには、力まず構えない素直な気持ちと目線、自然なアンテナを持つことです。そのアンテナで、学校の雰囲気はどうか、先生と子どもの関係はどうか、子どもに楽しそうな表情があるかないかなどを見ながら感じ取ることです。一見、先生がやさしく子どもに接していても、あるいは厳しく接していても、その表面的なことに気持ちを奪われないほうがよいかもしれません。

例えば、問題行動の指導場面において、先生が子どもに毅然と教えて、子どもがそれをきちんと受け止めて先生に評価されているという風景のほうがむしろ整理された指導であると思います。反対に、子どもに対して際限なくやさしく受容的すぎる先生というのはいかがなものでしょうか。
子どもの発達程度や段階もあるので一概には言えませんが、あるべき雰囲気を見落とさないことが大切です。
そして、先生がメリハリある指導で、評価すべき場面で子どもにきちんと評価を返せているかどうかが大切です。逆に、楽しい場面では、子どもたちに素直な笑顔がどれぐらい見られているかも大切でしょう。

Q ② 特別支援学級と特別支援学校の違い、選択の基準は？

A わかりやすい違いとしては、以下のとおりです（就学についてP157参照）。

〈特別支援学級の場合〉

- 発達上の判定が軽度域の子どもたちが対象となる。
- 地域の定められた学校内に併設されている。低学年では保護者が送迎するが、やがて自力登校になる子も多い。
- 授業は時間割に沿って行われる。
- 担任数は在籍する児童の数によるが、文科省の配置基準（特別支援学級では、子ども8人に担任1名）に基づいている。一般的には、複数担任、介助員、専科教師などで構成されているところが多い。担任は教員免許所持者が担当する。
- 子どもたちに関しては、身辺処理などはほぼ自立している。

〈特別支援学校の場合〉

- 発達上の判定が中～重度域の子どもたちが対象となる。
- 特定の学校となる。登校は送迎バスによる。
- クラス編成は単一障がい学級と重度重複障がい学級の2つに分かれていることが多い。
- 担任数は在籍する児童の数によるが、文科省の配置基準（1学級に子ども6人、重度重複学級は3人。1学級に担任は1～2人）に基づいている。担任は教員免許と特別支援学校教員免許の2つの所持者が担当する。

・子どもたちに関しては、個人差があるが、身辺処理などが困難な子どももいる。

《進路選択》

Q ① うちの子はアスペルガーの傾向があり、アルファベット、漢字などを読むことはできますが、書くことができません。そういう子はどういう学校に行くのが向いているのでしょうか？（5歳児）

A　アスペルガー症候群の子どもの場合、地元の通常学級に就学することが多くなります。

理由は知的障がいを伴っていないことによりますが、実際にはさまざまな微妙な問題を呈することもあり、個人差があります。

この子の場合、相談として悩むところは、アルファベット、漢字などを読むことはできるが、書くことができない状況で、すでに年長児ということにあります。

実は、この書字が苦手という問題は比較的多く、珍しくはありません。入学後、徐々にできるようになっていく子どもも少なくありません。ただし、きれいな字を上手に書けるようになるかどうかは個人差があります。

重要なことは、学校の生活、授業参加がこなせるかどうかです。集団参加、対人関係、コミュニケーション、耐性、意欲、生活における自己管理などです。そのあたりの評価を参考にして考えてみてもよいでしょう。どうしても悩む場合は、地域の教育相談室などでの就学相談の利用をすすめます。

Q ② 重度の知的障がいを持つ子どもですが、特別支援学級に通わせたいと考えるのは無理でしょうか。

A

一応、基準があります。特別支援学級の場合は、発達上の判断（知能および発達検査、行動観察など）が軽度域の子どもたちが対象となっています。重度の知的障がい範囲であれば、判断としては特別支援学校になることが一般的です。しかし、この進路問題で言えば（全国規模で）、毎年おそらく数多くのケースにおいて、保護者と教育委員会との話し合いになることが少なくありません。

例えば、過去において、支援学校という判断を受けた子が、話し合いの末に支援学級に就学したという例は珍しくはありません。同様に、支援学級という判断から通常学級へのケースも少なくありません。逆に、通常学級をやめて支援学級を選んだ例もあります。

正直な印象として、今の特別支援教育の現状を見るかぎり、まだまだ、さまざまな課題を抱えていることは確かであり、子どもに何を保障していけるのかを考えながら、教育に携わる方々一人ひとりが模索している日々です。子どもの成長をいかに支援し、促していけるか、そのためには、何が必要なのかを追い求めています。教育の道のりは小学校から中学校へと、そして、さらにその先の進路も待っているのです。

一番の目標はこの社会へ出ていくことにあります。まずは、信頼できる相談先を見つけて、十分な話し合いをもって、子どもの進路をとらえていきましょう。

■日々、子どもと向き合いながら

発達障がいを抱える子どもたちが、幼児期に見せる様子はさまざまです。しばしば大人は振り回されることになります。子どもにかかわる保護者をはじめ多くの大人は悩みを余儀なくされます。

しかし、私たちが常に留意しなければならないことは、まず危険事態や健康被害などから子どもを守ることであり、さらに、物事の認知がうまく進まず、自分の周辺に生じる多様な出来事に翻弄されながら、それらをうまく判別できないがゆえの感情混乱、困惑、恐怖、あるいは強い欲求などに対して、子ども自身、自分をコントロールできない未発達な状態にあることを、大人側が理解することが大切です。子どもを不利に導かないためにも。

個々の成長段階で生じる悩み、不安や心配は尽きることはありませんが、保護者はもとより、保育士、教師、指導員含め、子どもにかかわる方々が悩みを閉鎖的に抱え込むような形になっていくことは解決しなければなりません。

かかわる私たちがみんなで協力し合いながら、きちんと目標と手立てを準備して進めていくことが望まれます。

第Ⅶ章

明日へ向けて

■統合保育への道のり

障がいのとらえ方（概念）の歴史を近年のスパンでおおまかに記すと、次のようになります。

1950年代　デンマークから「ノーマライゼーション」旋風

1972（昭和47）年「心身障害児通園事業実施要綱」当時の厚生省通達

1974（昭和49）年頃から全国的統合保育スタート（当初は全国に18園）

1979（昭和54）年に養護学校義務化！

現在に至るまでの保育・教育の歴史においても、1950年代の北欧発のノーマライゼーションの影響は計り知れません。人間が生きていく上で、いったい何が我々の求めるべき「当たり前」なのか、いくつもの戦争の破壊的な結果を経験した人間たちの質的変化のその礎《いしずえ》になっているのです。保育に関して言えば、日本における統合保育のスタートは1974年でした。当時の厚生省が要綱を公布し、保育所の障がい児保育が制度化されました。これは、正直、遅い感がありますが、養護学校義務化は、さらに遅かったのです。

■インテグレーション（統合）からインクルージョン（包含）へ

　これまで保育も教育も障がいへの向き合い方は、いわゆる健常志向的であり、それが当たり前のように考えられてきました。目標として、定型発達集団に合わせられるように指導しがちだったのですが、その一方で、集団から逸脱していく子どもの出現にはいつも頭を抱えながら、障がいへの偏見だけが増大していくという、現場はさながら迷路への出入りの繰り返しでした。

　インテグレーション（統合保育・教育：Integration）は、「分離」の対極的概念であったはずですが、しかし、単に空間を同一にするだけの、ともすると形だけのインテグレーション（統合）になりがちであったことは否定できません。

　しかし、90年代半ば（１９９４年ユネスコ採択）からインクルージョン＊（包含：Inclusion）という考え方が広がり始めました。「共に生きる」という基本理念のもとに、子どもはみな「同じ社会で生きるのが正常な形であり、障がいがあるという理由だけで不当に排除されたりする不適切な扱いを受けることがあってはならない」という考え方」です。

＊インクルージョンの日本語訳としては、他に「融合」「包摂」などがあります。

　障がいに対する保育も教育も、歴史的にはずいぶん厳しい時代を送ってきたと言わざるを得ません。統合保育への取り組みは、保育においては１９７４年が統合保育の幕開けとなり、教育においては１９７９年の養護学校義務化に始まります。とはいえ、内容的には分離まじりの統合であり、それはいまだに続いています。

　すでにインクルージョン（包含）が叫ばれてから時間が経過していますが、さまざまな課題や問題が横たわっています。まだまだその道のりはかすんで見えます。

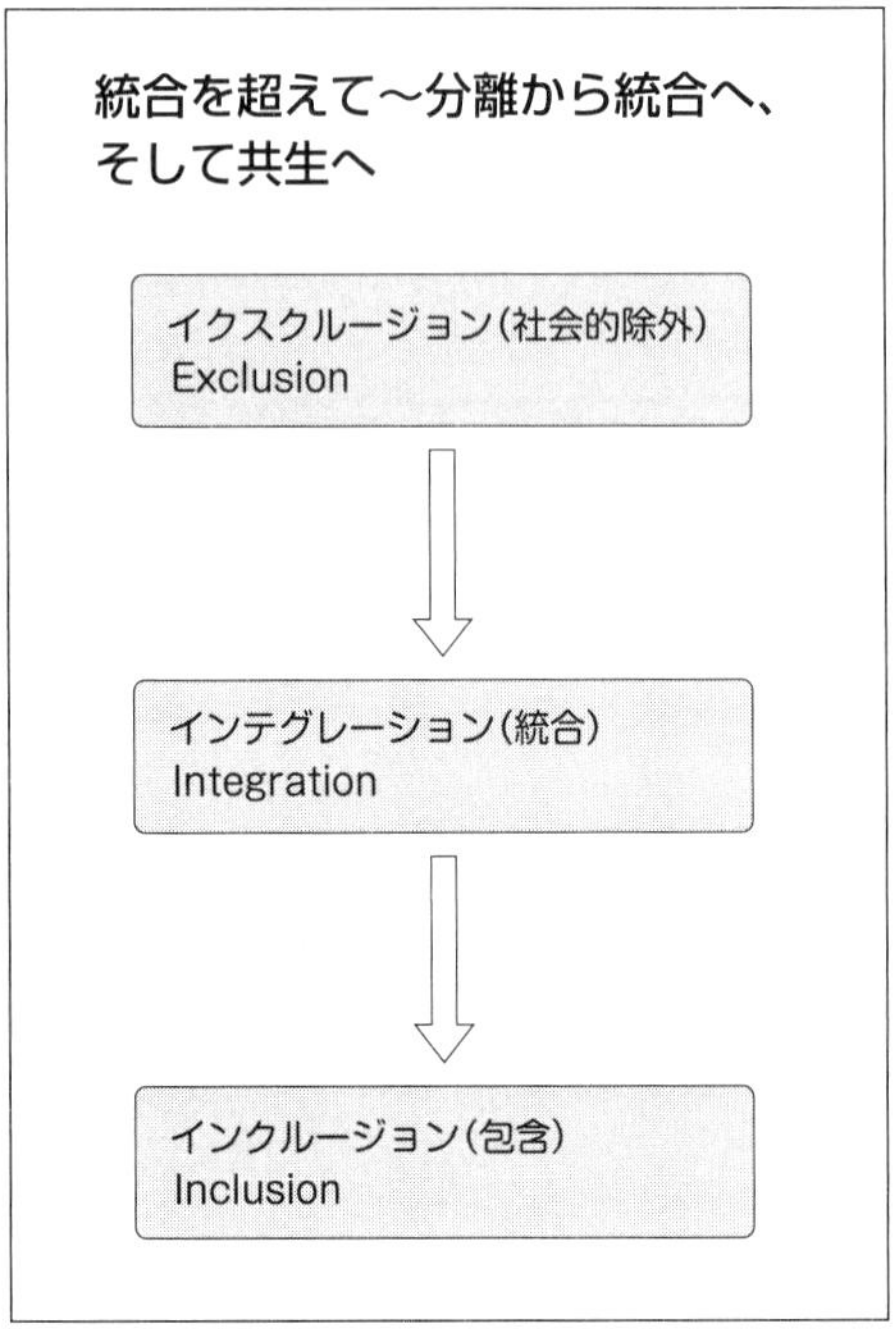

分離・統合・共生のイメージ

　ここで、インクルージョンをやさしくうたっている詩を紹介します。

私《わたし》と小鳥と鈴《すず》と

金子みすゞ

私が両手をひろげても、
お空はちっとも飛べないが、
飛べる小鳥は私のように、
地面《じべた》を速《はや》くは走れない。

私がからだをゆすっても、
きれいな音は出ないけど、
あの鳴る鈴は私のように、
たくさんな唄《うた》は知らないよ。

鈴と、小鳥と、それから私、
みんなちがって、みんないい。

『金子みすゞ童謡全集』(JULA出版局)より

金子みすゞ（1903〜1930年）の「私と小鳥と鈴と」は、よく知られた作品ですが、この短い詩の中に込められている世界観、価値観は静かに深く私たちの心に語りかけてきます。一見、子どもの無邪気なまでの目線でとらえているように見えながら、すべての人間がたどり着くべき平等性を表現していると思います。

■明日へ向けて

「障がい」の判断（診断）基準がますます細分化（枝分かれ）している昨今、その幾重にも交差し合うライン上に該当する子どもの総数は決して減少してはいません。いや、むしろ増えている印象さえあります。

近年、乳幼児期における専門療育（医療機関、通園施設など）、統合保育（保育園）・教育（幼稚園）の空間における発達支援保育、さらに小・中・高における特別支援教育という実践がなされていますが、正直なところ、明日が見えない状況であることを私たちは再認識しなければなりません。例を挙げるまでもなく、保育・教育現場の困惑と緊張は高まる一方であり、課題は山積しています。

それゆえに、この先いかなる支援の枠組みがより具体的に構築されていくのか、その道程が決してなだらかではないとしても、私たちはそこに参加、協働しながら実現していかなければならないのです。

言うまでもなく、子どもの成長とその環境条件は大切にされなければなりません。一人ひとりの子どもたちの育ちの「道すじ」を作り、守っていくことが私たち大人の責任でもあります。

あらためて、個の人生のスタート期でもある乳幼児期・学童期に視線を向けたとき、子どもの誕生時から育児上のさまざまな悩みを余儀なくされる保護者への支援内容や方法の見直し、また、それぞれの立場で子どもたちの支援にかかわる方々を支える具体策の再検討などが望まれます。

乳幼児期・学童期を経て、やがては社会へと巣立っていく一人ひとりの子どもたちの確かな「見通しづくり」が、今こそ求められているのです。

⑽他人の住居、建造物、または車に侵入したことがある。

⑾物や好意を得たり、または義務を逃れるためしばしば嘘をつく（すなわち、他人を“だます”）。

⑿被害者の面前ではなく、多少価値のある物品を盗んだことがある（例：万引き、ただし破壊や侵入のないもの；偽造）。


〈重大な規則違反〉


⒀親の禁止にもかかわらず、しばしば夜遅く外出する行為が13歳以前から始まる。

⒁親または親代わりの人の家に住み、一晩中、家を空けたことが少なくとも２回あった（または、長期にわたって家に帰らないことが１回）。

⒂しばしば学校を怠ける行為が13歳以前から始まる。

B．この行動の障害が臨床的に著しい社会的、学業的、または職業的機能の障害を引き起こしている。

C．その者が18歳以上の場合、反社会性パーソナリティ障害の基準を満たさない。

〈重症度の特定〉

• 軽症
　診断を下すのに必要な項目数以上の素行（行為）の問題はほとんどなく、および素行（行為）の問題が他人に比較的軽微な害しか与えていない（例：嘘をつく、無断欠席、許しを得ずに夜も外出する）。
• 中等症
　素行（行為）の問題の数および他者への影響が“軽症”と“重症”の中間である（例：被害者に面と向かうことなく盗みを行う、破壊行為）。
• 重症
　診断を下すのに必要な項目数よりずっと多数の素行の問題があるか、または素行の問題が他者に対して相当な危害を与えている（例：性行為の強制、身体的残酷さ、凶器の使用、被害者の面前での盗み、破壊と侵入）。

(8)しばしば意地悪で執念深い。

注：その問題行動が、その対象年齢および発達水準の人に普通認められるよりも頻繁に起こる場合にのみ、基準が満たされたとみなすこと。

B．その行動上の障害は、社会的、学業的、または職業的機能に臨床的に著しい障害を引き起こしている。

C．その行動上の障害は、精神病性障害または気分障害の経過中にのみ起こるものではない。

D．素行障害の基準を満たさず、またその者が18歳以上の場合、反社会性パーソナリティ障害の基準は満たさない。

V　素行（行為）障がいの診断基準（DSM-Ⅳ-TR）

A．他者の基本的人権または年齢相応の主要な社会的規範または規則を侵害することが反復し持続する行動様式で、以下の基準のうち３つ（またはそれ以上）が過去12カ月の間に存在し、基準の少なくとも１つは過去６カ月の間に存在したことによって明らかとなる。

〈人や動物に対する攻撃性〉

(1)しばしば他人をいじめ、脅迫し、威嚇する。

(2)しばしば取っ組み合いの喧嘩を始める。

(3)他人に重大な身体的危害を与えるような凶器を使用したことがある（例：バット、煉瓦、割れた瓶、ナイフ、銃）。

(4)人に対して残酷な身体的暴力を加えたことがある。

(5)動物に対して残酷な身体的暴力を加えたことがある。

(6)被害者の面前での盗みをしたことがある（例：人に襲いかかる強盗、ひったくり、強奪、凶器を使っての強盗）。

(7)性行為を強いたことがある。

〈所有物の破壊〉

(8)重大な損害を与えるために故意に放火したことがある。

(9)故意に他人の所有物を破壊したことがある（放火以外で）。

〈嘘をつくことや窃盗〉

れているように”行動する。

(f)しばしばしゃべりすぎる。

〈衝動性〉

(g)しばしば質問が終わる前に出し抜けに答え始めてしまう。

(h)しばしば順番を待つことが困難である。

(i)しばしば人の話をさえぎったり、割り込んだりする（例：会話やゲームに干渉する）。

B．多動性－衝動性または不注意の症状のいくつかが７歳以前に存在し、障害を引き起こしている。

C．これらの症状による障害が２つ以上の状況〔例：学校（または職場）と家庭〕において存在する。

D．社会的、学業的、または職業的機能において、臨床的に著しい障害が存在するという明確な証拠が存在しなければならない。

E．その症状は広汎性発達障害、統合失調症、または他の精神病性障害の経過中にのみ起こるものではなく、他の精神疾患（例：気分障害、不安障害、解離性障害、またはパーソナリティ障害）ではうまく説明されない。

Ⅳ　反抗挑戦性障がいの診断基準（DSM-Ⅳ-TR）

A．少なくとも６カ月持続する拒絶的、反抗的、挑戦的な行動様式で、以下のうち４つ（またはそれ以上）が存在する。

(1)しばしばかんしゃくを起こす。

(2)しばしば大人と口論をする。

(3)しばしば大人の要求、または規則に従うことに積極的に反抗または拒否する。

(4)しばしば故意に他人をいらだたせる。

(5)しばしば自分の失敗、不作法を他人のせいにする。

(6)しばしば神経過敏または他人によって容易にいらだつ。

(7)しばしば怒り、腹を立てる。

Ⅲ　注意欠如（欠陥）・多動性障がい（ADHD）の診断基準（DSM-Ⅳ-TR）

A．⑴か⑵のどちらか：

⑴以下の不注意の症状のうち６つ（またはそれ以上）が少なくとも６カ月間持続したことがあり、その程度は不適応的で、発達の水準に相応しないもの：

〈不注意〉

(a)学業、仕事、またはその他の活動において、しばしば綿密に注意することができない、または不注意な間違いをする。

(b)課題または遊びの活動で注意を集中し続けることがしばしば困難である。

(c)直接話しかけられたときにしばしば聞いてないように見える。

(d)しばしば指示に従えず、学業、用事、または職場での義務をやり遂げることができない（反抗的な行動、または指示を理解できないためではなく）。

(e)課題や活動を順序立てることがしばしば困難である。

(f)（学業や宿題のような）精神的努力の持続を要する課題に従事することをしばしば避ける、嫌う、またはいやいや行う。

(g)課題や活動に必要なもの（例：おもちゃ、学校の宿題、鉛筆、本、または道具）をしばしばなくしてしまう。

(h)しばしば外からの刺激によってすぐ気が散ってしまう。

(i)しばしば日々の活動で忘れっぽい。

⑵以下の多動性－衝動性の症状のうち６つ（またはそれ以上）が少なくとも６カ月間持続したことがあり、その程度は不適応的で、発達水準に相応しない：

〈多動性〉

(a)しばしば手足をそわそわと動かし、またはいすの上でもじもじする。

(b)しばしば教室や、その他、座っていることを要求される状況で席を離れる。

(c)しばしば、不適切な状況で、余計に走り回ったり高い所へ上ったりする（青年または成人では落ち着きがない感じの自覚のみに限られるかもしれない）。

(d)しばしば静かに遊んだり余暇活動につくことができない。

(e)しばしば“じっとしていない”、またはまるで“エンジンで動かさ

Ⅱ　アスペルガー障害の診断基準（DSM-Ⅳ-TR）

A．以下のうち少なくとも２つにより示される対人的相互反応の質的な障害：

⑴目と目で見つめ合う、顔の表情、体の姿勢、身振りなど、他人相互反応を調節する多彩な非言語的行動の使用の著明な障害

⑵発達の水準に相応した仲間関係を作ることの失敗

⑶楽しみ、興味、達成感を他人と分かち合うことを自発的に求めることの欠如（例：他の人達に興味ある物を見せる、持って来る、指差すなどをしない）

⑷対人的または情緒的相互性の欠如

B．行動、興味および活動の、限定的、反復的、常同的な様式で、以下の少なくとも１つによって明らかになる。

⑴その強度または対象において異常なほど、常同的で限定された型の１つまたはそれ以上の興味だけに熱中すること

⑵特定の、機能的でない習慣や儀式にかたくなにこだわるのが明らかである。

⑶常同的で反復的な衒奇的運動（例：手や指をぱたぱたさせたり、ねじ曲げる、または複雑な全身の動き）

⑷物体の一部に持続的に熱中する。

C．その障害は社会的、職業的、または他の重要な領域における機能の臨床的に著しい障害を引き起こしている。

D．臨床的に著しい言語の遅れがない（例：２歳までに単語を用い、３歳までにコミュニケーション的な句を用いる）。

E．認知の発達、年齢に相応した自己管理能力、（対人関係以外の）適応行動、および小児期における環境への好奇心について臨床的に明らかな遅れがない。

F．他の特定の広汎性発達障害または統合失調症の基準を満たさない。

(a)目と目で見つめ合う、顔の表情、体の姿勢、身振りなど、対人的相互反応を調節する多彩な非言語的行動の使用の著明な障害
(b)発達の水準に相応した仲間関係を作ることの失敗
(c)楽しみ、興味、達成感を他人と分かち合うことを自発的に求めることの欠如（例：興味のある物を見せる、持って来る、指差すことの欠如）
(d)対人的または情緒的相互性の欠如

(2) 以下のうち少なくとも１つによって示されるコミュニケーションの質的な障害：
(a)話し言葉の発達の遅れまたは完全な欠如（身振りや物まねのような代わりのコミュニケーションの仕方により補おうという努力を伴わない）
(b)十分会話のある者では、他人と会話を開始し継続する能力の著明な障害
(c)常同的で反復的な言葉の使用または独特な言語
(d)発達水準に相応した、変化に富んだ自発的なごっこ遊びや社会性をもった物まね遊びの欠如

(3) 行動、興味、および活動の限定された反復的で常同的な様式で、以下の少なくとも１つによって明らかになる。
(a)強度または対象において異常なほど、常同的で限定された型の１つまたはいくつかの興味だけに熱中すること
(b)特定の機能的でない習慣や儀式にかたくなにこだわるのが明らかである。
(c)常同的で反復的な衒奇的運動（例：手や指をぱたぱたさせたりねじ曲げる、または複雑な全身の動き）
(d)物体の一部に持続的に熱中する

B. ３歳以前に始まる、以下の領域の少なくとも１つにおける機能の遅れまたは異常：
(1)対人的相互反応、(2)対人的コミュニケーションに用いられる言語、または(3)象徴的または想像的遊び

C. この障害はレット障害または小児期崩壊性障害ではうまく説明されない。

(2) コミュニケーションにおける質的異常として、次にあげる領域のうち少なくとも１項が存在すること。

(a) 話しことばの発達遅延または全体的欠如があり、身振り手振りでコミュニケーションを補おうとする試みをともなわない（喃語で意志の伝達ができなかったという既往のあることが多い)。

(b)（言語能力はさまざまな程度に認められるにもかかわらず）他人とのコミュニケーションで相互に会話のやりとりを開始したりまたは持続したりすることにたいてい失敗する。

(c) 常同的・反復的な言葉の使用、または単語や文節の特有な言い回し

(d) さまざまなごっこ遊び、または（若年であれば）社会的模倣遊びの乏しさ

(3) 行動や興味および活動性のパターンが制限され反復的・常同的であるが、次にあげる領域のうち少なくとも１項が存在すること。

(a) 単一あるいは複数の、常同的で限定された興味のパターンにとらわれており、かつその内容や対象の点で異常であること。または、単一あるいは複数の興味が、その内容や対象は正常であっても、その強さや限定された性質の点で異常であること。

(b) 特定の無意味な手順や儀式的行為に対する明らかに強迫的な執着

(c) 手や指を羽ばたかせたり絡ませたり、または身体全体を使って複雑な動作をするなどといった、常同的・反復的な奇異な運動

(d) 遊具の一部や機能とは関わりのない要素（たとえば、それらが出す匂い・感触・雑音・振動）へのこだわり。

C. その臨床像は、次のような原因で起こっているのではないこと。つまり広汎性発達障害の他の亜型、二次的な社会的・情緒的諸問題をともなう受容性言語の特異的発達障害、反応性愛着障害または脱抑制性愛着障害、何らかの情緒ないし行動の障害をともなう精神遅滞、ごく早期に発症した精神分裂病、レット症候群など。

②アメリカ精神医学会「精神疾患の分類と診断の手引 第四版新訂版」(DSM-Ⅳ-TR)

A. (1)、(2)、(3)から合計６つ（またはそれ以上)、うち少なくとも(1)から２つ、(2)と(3)から１つずつの項目を含む。

(1) 対人的相互反応における質的な障害で以下の少なくとも２つによって明らかになる。

資料編

発達障がいの診断基準

I　自閉症の診断基準

①世界保健機関「ICD-10 精神および行動の障害 DCR研究用診断基準」より

A. ３歳以前に、次にあげる領域のうち少なくとも１項の発達異常または発達障害が存在すること。

(1) 社会生活のためのコミュニケーションに利用する受容性言語または表出性言語

(2) 選択的な社会的愛着の発達、または相互的な社会関係行動の発達

(3) 機能的遊戯または象徴的遊戯

B. (1)(2)(3)から併せて、少なくとも６症状が存在し、そのうち(1)から２項目以上、(2)と(3)からそれぞれ1項以上を含んでいること。

(1) 相互的な社会関係における質的異常として、次にあげる領域のうち少なくとも２項が存在すること。

(a) 視線・表情・姿勢・身振りなどを、社会的相互関係を調整するための手段として適切に使用できない。

(b)（機会は豊富にあっても精神年齢に相応した）友人関係を、興味・活動・情緒を相互に分かちあいながら十分に発展させることができない。

(c) 社会的・情緒的な相互関係が欠如して、他人に情動に対する反応が障害されたり歪んだりする。または、行動を社会的状況に見合ったものとして調整できない。あるいは社会的、情緒的、意思伝達的な行動の統合が弱い。

(d) 喜び、興味、達成感を他人と分かちあおうとすることがない（つまり、自分が関心をもっている物を、他の人に見せたり、持ってきたり、さし示すことがない)。

発達障がいの幼児へのかかわり
概要・取り組み・77のQ&A

２０１４年３月19日　初版第１刷発行
２０２４年３月17日　　第４刷発行

著　者　橋場　隆
発行者　北川吉隆
発行所　株式会社　小学館
〒１０１-８００１　東京都千代田区一ツ橋２-３-１
電話　編集　０３-３２３０-５６８６
　　　販売　０３-５２８１-３５５５
印刷所　萩原印刷株式会社
製本所　株式会社　若林製本工場

造本には十分注意しておりますが、印刷・製本など製造上の不備がございましたら、「制作局コールセンター」（フリーダイヤル０１２０-３３６-３４０）にご連絡ください。（電話受付は、土・日・祝休日を除く９：30～17：30）

ISBN 978-4-09-311413-4